走吧, 去下一個嚮往的地方

人生就該浪費在旅行 LET'S GO!

陳碧月／著

自序　情不知所起，一往而深

　　「情不知所起，一往而深」是湯顯祖《牡丹亭》的題記，述說杜麗娘對情郎的感情在不知不覺中激起，且越來越深刻。這句話正好呼應我之於旅行，毫無預警上了癮的一往情深。

　　從1990年學生時代迄今，我的旅行年齡已30年餘。從學生時代窮遊歐洲，喝不起一杯咖啡，只能在巴黎的「花神咖啡館」（Café de Flore）和羅馬的「古希臘咖啡館」（Antico Café Greco）門口拍照，到如今已可在米其林餐廳享受用餐的過程；以前背著行囊窩在車站、機場也能過夜，到現今已有能力可以在五星級酒店享受一夜好眠。隨著歲月流轉，每一次探索世界的旅行心境的轉變，都展現了洞見世事的不同角度和視野。這正呼應了張潮在《幽夢影》所言：「少年讀書，如隙中窺月；中年讀書，如庭中望月；老年讀書，如臺上玩月。皆以閱歷之淺深，為所得之淺深耳。」不同的人生階段出走，閱歷越深，在旅行中的領悟就越多，也越能引發不同的感悟，進入不同的境界。

　　關於旅行，只要你願意，發球權永遠都握在自己手上。

　　旅行是我人生最有意義的投資。她很容易獲利，只要你走出去，旅途中好的壞的照單全收，都會留給你難能可貴的學習經驗；旅行也保證增值，因為這樣的經驗消費，留存的記憶是歷久彌新，成為說不盡的一則則的人生故事。

　　在梵諦岡、印度見識了信仰，才能對任何事物都懷抱敬畏之

心；在蒙地卡羅、拉斯維加斯見識了奢靡，才能抵擋花紅柳綠的華
麗誘惑；在上海、杜拜見識了高樓，才會知道萬丈高樓平地起的堅
持；在澳門、新加坡見識了「填海」以及中國的萬里長城，才會懂
得人定勝天的力量；在埃及見到了金字塔，才會明白人生有很多難
以解釋的奇蹟值得探究。

　　旅行讓我學會懂得欣賞。旅行時見過的世面，是一種藝術積澱
而來的底氣，也能化成生活中的美學智慧。春花、秋月、夏日、冬
雪，每個季節都有屬於她獨特的美。用不同的角度去欣賞每座城市
四季的變化，春天賞櫻、秋天賞楓，冬天看雪，就算天氣陰晴不
定，也能體味出別有一番風味。

　　旅行中所有的「初體驗」我都細細珍藏，第一次看衛兵交接
──英國白金漢宮皇家樂隊雄糾糾氣昂昂踢著正步演奏進場；第一
次和動物近距離接觸──瑞士策馬特的黑鼻羊、澳洲的袋鼠和無尾
熊、南非的獵豹和小獅子；第一次品嘗的美食美酒──英國的炸魚
薯條、瑞士的起士火鍋、比利時的櫻桃啤酒；第一次下雪泡湯──
在布達佩斯「聖齊尼」百年古蹟浴場，迎著細雪、泡著溫泉觀賞身
旁的百歲老人正圍著棋盤下棋較勁。

　　從紐西蘭北島的地熱溫泉、埃及尼羅河上的日落、吳哥窟巴肯
山的日出，更加體悟自己的渺小，寄蜉蝣於天地，渺滄海之一粟，
世間萬物，聚散有緣，隨緣來去，無可強求。

　　拜訪經歷過天災人禍、浴火重生的城市，參差不齊又狹窄的巷
弄和斑剝頹圮的門窗，反而有一種神奇的魔力召喚著旅人。多樣多
變的建築風貌構築出城市多元的建築資產，每座城有著專屬的驕
傲，並以其自尊上演著獨一無二的城市風情，勾人心神。

期待自己能繼續保有扒在車窗旁觀看沿途風光的興致。

旅行讓我知曉人生總要留下一些缺憾。每個人的生命都有缺口，旅行途中不見得遇到的都是好事、美景，但每份經歷卻都深刻入心。在日本北海道「阿寒湖」冰上垂釣，卻毫無所獲；連著兩天因能見度，無法搭纜車上南非開普敦的「桌山」；在北京「紫禁城」的砵砂高牆沒能等到第一場初雪；前一晚在芬蘭還太陽高照，隔天拉車到挪威北角卻風雨交加見不到期待中的「日不落」；參觀四川熊貓基地，想花6,500元台幣和大、小貓熊拍照，卻因節儉成性的雙親阻擋只能作罷……我把這些遺憾都刻印在了心版，留給了屬於我的地久天長……。

旅行讓我學會珍惜。每個人對於旅行的意義不盡相同，或許是拜訪了幾個景點、做了多少冒險瘋狂的事、拍下了幾張得意的照片、遇見了幾個難忘的人，又或者有多少心跳的片刻。我珍惜旅途中除了感動我的美景，也可能是一個萍水相逢的人、一句無心的話或一個自然的動作。從展開旅行前所有微不足道的尋常，似乎都能放大其意義。

見過在柬埔寨「洞里薩湖」幫大人在碼頭招攬生意的孩子，雖然貧窮卻仍帶著笑容勤勤懇懇地生活。我們的船遇上「塞船」，小男孩立馬用槳協助開船的父親離開狹窄的湖道。下船時我們送了三個顏色的自動原子筆給他，他開心地跟其他小朋友分享喜悅，像是擁有了全世界。

人都在比較中找幸福，也期待從中找到滿足。

旅行也讓我珍惜可以一起同行的旅伴，這其中涵容了相互遷就以及不能妥協的溝通與磨合，能相伴走一段便是幸福，從中都能看

出彼此的成長與改變。旅行和人生一樣都是「一期一會」的，在當下都遇見了意想不到的自己以及獨一無二的對方，且行且珍惜。

　　一個女學生結束了長達三年的戀情，就在失戀患得患失時，意外在圖書館看到我一本「希臘聖托里尼小島」封面的旅遊書，她跟我說，希臘是她和前男友約定好存夠錢要一起出國的國家，沒想到錢還沒存夠他就劈腿變心了。我跟她說：「還好妳存了錢下來，既然他人和心都不在了，如果妳還不能款待自己飛去希臘，那不就太悲催了。」我介紹了另一個很有旅行經驗的學生給她，讓她轉移心情。果然她們開始計劃希臘行。暑假結束，開學後，煥然一新的「升級版」的她出現在我面前，她說：「一路上遇到麻煩、解決問題，漸漸找回了自信心；萍水相逢遇到了許多很有趣的人，每個人都有屬於自己的故事，都讓我收穫滿滿。離開那段小情小愛，以為自己會過不下去，才發現天地之大，沒有誰離了誰過不下去的。有一次談笑間，突然發現自己又能大聲開懷地笑了。老師，您說得很對，只要走出去，世界全是我的。」

　　旅行會讓人「忘我」，忘記所有自以為的限制與模式，在旅程移動中，也磨練我們看待世事的態度與心智，而遇見不一樣的自己。突然重新認識自己、發現自己又可以用心感受生活了，又可以輕易找到快樂了，驚呼原來人生是可以這樣的……。

　　海明威在《流動的饗宴》說過：「如果你夠幸運，在年輕時待過巴黎，那麼巴黎將如同一席流動的饗宴永遠跟隨著你。」我很幸運，巴黎是我人生旅行的第一站；更幸運的是，自此而後，每座我待過的大城小鎮，都在我的記憶洪流中如一場場優質而美好饗宴如影相伴。

　　在本書付梓之際，要特別感謝編輯團隊的用心；另文中若有錯漏，或是不甚詳盡之處，期請博雅方家不吝惠頒教安。

　　　　　　陳碧月　謹識於台北敦南寓所2020年4月

目次

那些旅行教我的事

　　1996年，到帛琉旅行，搭快艇前往世界七大海底奇觀——水母湖，在船上便注意到一位時髦的年輕女子和她身邊傳統婦人的互動——彼此擦防曬油、遞水。爬小山時，我和她們聊起天來：「妳們是母女嗎？感情真好。」年輕女子說：「喔！這是我婆婆啦！我婆婆很疼我，把我當女兒。連這次的旅費都是我婆婆出的呢！」我發出羨慕的讚歎聲：「哇！這麼好。」婆婆馬上說：「沒有啦！我媳婦很辛苦，才剛幫我們家生了一個孫子，關了一個月坐月子，回去上班前，我趕快帶她出來玩。」我跟媳婦說：「妳真幸運，有這麼體貼的婆婆。」媳婦說：「是啊！我婆婆幫我坐月子，一直煮東西給我補，她也很辛苦。」婆婆接著告訴我說：「我當然要顧好我媳婦的身體。我媳婦以後是要和我兒子陪伴到老的，她身體好就是我兒子的幸福。其實我們那一代，婆婆都對媳婦不好，我那時就告訴自己，等我當婆婆了，我一定要好好對待我的媳婦。」

　　我對眼前這個婦人肅然起敬，這是一位值得敬重的長輩，雖然生於傳統，卻與時俱進，懂得自我調整，以同理心去對待晚輩，也活出自己的格局。放開手，擁有全世界。

　　數萬年前，這座水母湖曾是海的一部分，由於地殼運動，周圍的海床升高，逐漸把外海跟它隔絕而形成了一座看似內陸的鹹水湖。湖中大多數的海洋生物都隨著養分的消耗而消亡，只剩下低等的、靠少量微生物就可以生存的水母。由於天敵們都消失了，這些

水母也漸而失去了原有的毒素。

女人不該為難女人，反而更該惺惺相惜，卸下和水母一樣原本用來防衛自身的武器，便能像這對婆媳一樣牽著手在無毒的水母湖裡和果凍般的水母優游起舞。

*

1999年到西班牙旅行，一天夜宿格瑞納達的飯店，晚飯後，我們到大廳閒逛。一位店老闆看見我們四個黑頭髮的外國人，便叫住了我們，他遞給我們一張紙條，上面寫著——「超級處女橄欖油」。老闆請我們以較大而工整的字體，寫在另一張紙上。

我們四個不約而同綻出了尷尬而詭異的笑容，並指著紙條問他：「這是什麼產品？」我們心想該不會是印度神油之類的東西吧！於是，老闆從展示櫃上取下了一瓶橄欖油，上面的英文字寫著——Extra Virgin Olive Oil。我們看了不禁大笑。後來，我們其中一位教英文的同事在紙上幫他翻譯為：「超純橄欖油。」

老闆的表情顯得疑惑，奇怪怎麼原本七個字，現在卻少了兩個字；同事向他解釋說：「這樣的意思比較完整清楚，生意會更興隆。老闆才滿意地點頭。」回國後，我們要以這事機會教育學生，學習任何事物，融會貫通很重要，都不能不求甚解。

*

車子行駛在往奧地利的邊關，經過加油站，見到路邊高舉著一個寫著"ITALY"的紙板，原來是兩個要搭便車的女孩子。

到歐洲旅遊，常常會見到手持地圖、背著旅行袋自助旅行的青

少年。這些基本上會兩種語言的青少年，在16歲時就離家去旅行，
體驗人生，學習流浪，有的家境比較寬裕的，家長會給他們帶一些
錢在身上；若是經濟比較普通的家庭，小孩子就要靠自己旅行到一
個定點，就在那裡打工賺錢——有人到餐廳端盤子；有人會在街頭
演奏小提琴，演奏前打開琴盒，自己先放幾塊錢歐元進去，然後開
始演奏。

　　通常經過這樣的旅行，回到家後他們更能發掘自己的優缺點，
哪些地方有所欠缺，哪些方面是可以發揮所長，然後決定自己要繼
續升學或就業。

　　千金難買少年窮，學生時代「窮遊」的經驗很重要，從中能訓
練解決事情的能力和適應環境的能力。

＊

　　抵達斯里蘭卡機場要辦簽證時，海關在我們的文件上一一蓋章
簽名後，對帶團的領隊明示加暗示要她給點錢，說是：「妳上次好
像拿了我的筆沒有還？」女領隊堅說沒有，裝傻硬是不給錢。她跟
我們解釋：就是有一些台灣領隊想說通關方便，花點小錢就順利通
過；但是她覺得此風不可長！希望我們等候一下。我們15個人都很
配合站在一旁等著，也想看看要錢的海關能耐我們何？最後，要錢
不成，還是只能讓我們通了關。我很佩服領隊「識時務」的必要堅
持，堅持自己的核心理念，當你的堅持戰勝了，便更無所畏懼。

＊

　　到斯里蘭卡旅遊要買紀念品回家除了有名的紅茶外，就屬大象

糞便再生紙所製造的相關產品囉！大象糞便因其「質地」的優劣，被製成各式各樣的筆記本、便條紙、賀卡、信封、信紙、和餐牌。斯里蘭卡政府還將這項產品作為贈送國賓的禮物。2002年，當時的美國總統布希和國務卿鮑威爾就在斯里蘭卡總理維克勒馬辛哈訪問美國時，收到一盒鑲有鍍金字母的大象糞便製成的回收信封、信紙和名片。

斯里蘭卡對於天然物資的利用，自然生態的保護由此又可見一斑。

我很好奇的是：這樣製作成的紙張究竟會不會有臭味？答案是否定的。原來大象是草食性動物，糞便本身就不會有太多的臭味，再加上大象的消化能力比較差，因此，絕大部分的草料或樹木纖維都被保存下來，當地人便將糞便裡的雜質揀出來，只剩下粗纖維，經過三到六小時在太陽底下曬乾與技術處理，做成紙漿，再製成紙，過程既衛生又安全。因為斯里蘭卡的工業技術並不發達，所以，大象糞紙產品完全是手工製造，因此，你選到的產品都會因為每張大象糞紙的不同紋路，還有不同封面紙黏土雕塑或樹皮加工，而拿到屬於自己獨一無二的大象糞便產品，當然，可想而知，產品售價比較起其他的東西，不算便宜。大約手掌大小的小型筆記本，封面有可愛的大象圖案，約台幣140元。但你可以把他當作對動物保育的貢獻，因為售價已經附加了「大象保育基金」。

講到對動物的保育，就得大力讚揚他們對海龜的保育。參觀海龜撫育中心，有機會見到不曾見的玳瑁龜，還可將手掌大小的可愛的綠蠵龜放在手上，又可抱起五、六公斤的大海龜合照，經驗難得。有兩隻大海龜在海嘯侵襲被救起後，在這裡被飼養著，因為一

隻少了個眼睛，另一隻斷了條腿。撫育人員指著其中一池說：「那一池我親愛的孩子們明天就要離開我了。」海龜在人工沙灘上孵化後，先放在小水池中，讓牠適應水性。三天後由保育工作人員野放回大海。

在這裡還見到各國的人到此參觀留下的圖畫，其中有兩幅著色鮮豔的畫作，畫滿大海生物和主角烏龜，上面寫著簡體中文「請你不要把我們的環境弄髒！」「救烏龜！」

斯里蘭卡沒有我們經濟的繁榮，但是對於動物的保育，確有值得我們學習之處。

斯里蘭卡其實只有台灣的兩倍大，但是實際七天旅行花在交通上的時間很長，主要是因為他們沒有高速公路，而政府不願修築高速公路的原因就是為了保護野生的動植物，他們有十分之一的土地被列為野生動物保護區，甚至連植物都受到保護，不允許任意破壞、砍伐。

正因為如此我們得以在斯里蘭卡最大的野生動植物及鳥類保護區──雅拉（Yala）國家公園找到生命的感動。

我們在四輪傳動車上，展開尋訪各種的野生動物及鳥類的叢林探險。隨著司機敏銳的指引見到大象、梅花鹿、水牛、公孔雀、母孔雀、山豬，還有難得一見的豹，而且同時見到兩隻，雖然我也曾在南非有這樣的經驗，不過在這裡看到的動物和感覺卻截然不同。

整整前後三個半小時的叢林感受，在四輪傳動車載我們離開時，還依依難捨，尤其為我們送別的是一大片的夕陽餘暉，我想這樣的瞬間感動是屬於自己的，絕無僅有。

＊

　　早在13世紀，荷蘭首都的「紅燈區」就隨著港口的發展而興起；這裡原本是阿姆斯特丹最古老的碼頭，又被戲稱為「水手公寓」。離家已久的水手上了岸，第一件事就是找酒喝，或直奔溫柔鄉在女人身上尋求慰藉。於是，碼頭附近經營「酒吧」和「紅燈戶」的生意就應運而生，後來演變成Heineken行銷世界，而「紅燈區」的女郎也成為觀光的重點。

　　每天當夜幕低垂，每個櫥窗上紅燈亮起，在那一排排的小巷子中，穿著性感火辣的女郎們，黑、白、黃各色人種都有，燕環肥瘦就像展示商品般，在櫥窗中以性感的薄紗或內在美，對著路人舞動身軀、擠眉弄眼，展示自己的身體，如果客人有興趣，就停下腳步，女郎們會把握機會，用眼神或動作鼓舞著客人上前詢價；當客人敲門詢價，只要價錢合意，客人馬上入門，女郎就拉上窗簾，在櫥窗裡的小房間，滿足客人的需求。每一個窗簾裡都讓人有無限的遐想。

　　我們帶著冒險的精神，探索到了紅燈區的心臟地帶——特隆比特蘭巷，據說身材最曼妙的櫥窗女郎都集中在這裡，也正因為這裡的女郎是紅燈區最漂亮的，所以，多數櫥窗內的窗簾是拉上的，客人絡繹不絕。

　　從性博物館、情趣用品店到紅燈區，與其說荷蘭人性開放，不如說他們正視性的問題。經過幾世紀的娼妓列管行動，他們知道要杜絕色情是不可能，既然圍堵不了，不如開放列管，政府還可以合法抽稅，所以他們很早就讓性交易合法化。提供性服務的女郎們，

都必須要有工作證；價錢也有公定價，客人不需討價還價。也正因為這樣的合法，所以你走在紅燈區絕對不會出現阻街女郎搭訕或三七仔拉客的情景。

荷蘭人對性抱持著人性化態度，所以也相當重視學校裡的性教育，荷蘭兒童從進小學就開始接受性教育，小孩子不僅從學校學習性知識，還會回家和家長討論性的話題。他們認為，正確的性知識才可以讓青少年懂得保護自己。這造就了荷蘭成為西方少年性犯罪率最低的國家。

你一定想像不到荷蘭著名的舊教堂就在紅燈區內，還有當地居民的生活區也混在其中，他們和這一區「火熱的鄰居」和平共處的氣氛讓遊客感覺滑稽卻又真實。

走在路上常被一陣甜甜的氣味給吸引，走過窗上貼有大麻葉、門牌上掛著 "Coffee Shop" 的店家，味道就更濃烈。原來這種濃濃的甜味，就是大麻味。荷蘭的 "Coffee Shop" 賣的可是大麻，而不是咖啡喔！對軟性毒品的生存空間的寬容，也可呼應荷蘭人對人性每一面的尊重與坦承——從六十年代開始，大麻就在這裡取得合法性，它有自己的專賣店，但僅限於大麻咖啡館，離開咖啡館就不在合法的範圍了。而就在法律有效率地規範與保護下，這又造就荷蘭成為毒品犯罪最低的國家。

走出大麻咖啡館，見到一間酒吧，格外熱鬧，裡外聚集了好多人，尤以男性居多，仔細一瞧，原來是一間同志酒吧，他們擁抱、親吻、暢懷大笑，一切是那樣的自然。當地人說在我們抵達的前一天，正好是他們的同性戀日，所以接連著幾天還有一連串的慶祝活動。荷蘭在2000年率先由國會投票通過，同性戀者擁有結婚及認

養子女、離婚等權力，但只限於荷蘭公民或居留者，她是第一個承認同性戀婚姻的國家。我想，荷蘭人其實談不上喜歡或不喜歡同性戀，也許是從大海身上學到的寬容，他們可以容忍，只要在不傷害別人的狀況下，每個人都有權利選擇自己要過的生活，就像是紅燈戶的妓女也是一樣的。

符合人性的適切開放是有其哲學與智慧的，越壓抑越閉而不談，只會讓人往不健康的錯誤方向探索。符合情理法的尊重與包容才是長久之道。

＊

美娜多（Manado）是印尼蘇拉維西省北部的首府，其市中心的觀光還不算開發完善，唯五星級的麗池酒店附近有一些不錯的餐廳，物美價廉。

值得一提的是Gangga這個距離市區一小時車程再加半小時船程的小島，其海域的生態物種豐富而獨特，是潛水者的天堂。Gangga Island Resort是島上唯一的飯店，飯店內共有30間木屋，他們的房間沒有神木島30幾坪那樣大，但是設備也應有盡有，貼心的服務，除了每間房一把大雨傘外，木屋的門口有一個用各式貝殼堆砌而成的水龍頭，你在享受完水上活動後，可以在門口清洗一番，絕不會把細白的沙帶進房間。

這裡的海底世界可以和馬爾地夫並駕齊驅，可是卻沒有馬爾地夫昂貴的團費，重要的是，礦泉水供你免費享用，而不像在馬爾地夫飲用水是非常昂貴的；這裡不似普吉島有著炫麗的色彩，但其原始的美，不足為外人道也；這裡也沒有巴里島的喧囂，如果你願意

沈潛你的心靈，這裡多得是沒有光害的夜晚，你可以躺在沙灘上數星星，或是在躺在房間的大床上伴著海浪聲入眠。

我在Gangga Island體驗潛水。在海裡，我有點緊張，緊緊抓住教練的手，像是生命繫在他身上的感覺。

海底世界很神祕，我看見各式各樣，色彩繽紛的珊瑚，最特別的是海星，我指著一個藍色的大海星，教練拿起來讓我輕摸，才發現海星是硬的。之後，教練只要看到海星，就放開我的手去撿起海星，送到我眼前，讓我近距離觀賞。我其實很想跟他說：「我不想看海星了，請不要離開我。」

教練牽著我往珊瑚和魚群而去，後來放開我的手，對我比著OK的手勢；我也回應他沒問題，他指著前方特殊的扁平細長的一群透明的小魚，接著我又去拉他的手，覺得牽著他才感到安全。我們經過一段長長的斷崖，他試著放開我的手，想要我有自己獨自潛一段的感覺，我照做，不久，還是去拉他的手。

這次潛水的經驗帶給我很大的感觸和學習。

我想，戀愛也是，如果對方緊抓住你，完全依賴你，剛開始甜蜜時，可能因為騎士精神或母性的發揮想要照顧他，並享受那種被需要的感覺，但是，時間久了，你會感覺像是背負著一個沉重的負擔而想擺脫。一個人，不分男女，如果你不能是一個獨立的個體，擁有自我的想法和個性，那麼你將很難得到尊重。我潛在海裡的時間不過30分鐘，可是你可能是要和某一個人過一輩子啊！

我想起福樓貝《波法利夫人》裡的艾瑪，少女時期被送到修道院陶冶，自此開始夢想貴族般海闊天空的愛情生活。成年以後，她嫁給一位平庸的醫生，成為波法利夫人。平淡的生活很快破滅了她

的浪漫幻想，波法利為了解除她的煩悶，於是遷居到雍維勒鎮。在這裡，情場老手何多夫乘虛而入，艾瑪錯把他當成夢寐以求的情人，從半推半就，到難捨難分，卻在要求與他私奔時遭到拋棄，艾瑪在精神上受到很大的打擊。後來她在盧昂遇到舊識——雷翁，兩人舊情復萌，過了將近兩年偷情的生活，但是又遭到遺棄，還讓她債台高築。最後在高利貸商人的逼迫之下，她求告無門，服毒自盡。艾瑪的悲劇就在於把生命交托在別人身上。

＊

走在義大利威尼斯各式的橋上，感覺很特別，威尼斯有幾百座橋都可以讓行人通行，獨獨除了「嘆息橋」（Ponte dei Sospiri）。這座橋是有傳說故事的。

「嘆息橋」對比著兩棟不同的樓宇。一邊是總督府，據說在14世紀的共和國時代，裡面可以容納將近2,000位王公貴族，白色的大理石上，刻鏤著美麗的圖案，拱形的花窗，更加襯托出對面那一棟粗壯鐵柵的黑暗，那是當年的監獄，被判了刑的重犯，便被打入這個永不見天日的地下室。而當犯人被定罪後，從這一邊的總督府要被押到另一邊的地牢時，經過嘆息橋時被允許駐足，透過由嘆息橋八瓣菊花組合雕鏤的窗櫺，看最後一眼外面的世界。

據說有個被判死刑的男子在嘆息橋上往下俯視時，正好見到他心愛的女人和一個男子坐在貢朵拉（gondola）上擁吻，船往橋下駛過時，這個悲痛絕望的男子也一頭往大理石花窗撞去，男子當場血流成河。屍體被處理後，悲慘的故事也逐漸被遺忘，嘆息橋只被說成是犯人們最後一瞥世界的地方，但美麗的神話傳說卻被流傳了

下來——坐貢朵拉的情侶經過「嘆息橋」下時，在橋下擁吻，那麼他們的愛情就能天長地久。

　　這讓我體會到沒有人喜歡與痛苦或悲傷長期為伍，人和多數植物一樣，也是「向陽」的，大家都樂於歌誦美好的事物，地球並不會因為你一個人的悲傷或哭泣而停止轉動，想要讓憂鬱遠離，只能靠自己，靠自己的意志，迎向光明。

▶◀

　　身處2006年的吳哥城，我欣賞柬埔寨人的平和與知足，那是我覺得他是理想的桃花源的原因。當地人在週末的傍晚時分，不約而同地來到古蹟城外——野餐，他們舖上簡單的草蓆，拿出準備好的食物；小孩一群群在河邊、在草地上奔跑嬉笑，空氣中還散發著燒烤的香氣，原來攤販出現了，烤玉米、烤肉串，任君挑選。他們和樂融融，似乎很懂得生活，懂得享受，我心想：「在世界文化遺產的吳哥窟前野餐耶！好有氣質喔！」而這也應證了前一陣子的一本新書《窮得有品味》裡所說的：「『幸福』是一種奢侈，而且人人都負擔得起！美好而有格調的生活根本無關乎存款多寡。」

　　講到柬埔寨的「窮」，想到的是在洞里薩湖（Tonle Sap）一群靠船吃飯的辛苦人們，他們是柬埔寨國境內最貧苦的子民。

　　才準備上船遊覽東南亞面積最大的淡水湖，一個瘦小黝黑的小男孩招呼著我們，並用標準的中文對我們說：「小心頭！」這個九歲的小男孩幫忙開船的父親拿著巨大的槳把船移出碼頭，感覺力大無比，我們對他豎起大拇指，他靦腆地笑。

　　"School!" 他指向我們即將經過的一棟兩層的水上建築，一樓

是教室，二樓是籃球場，沿途還看到水上教堂、圖書館、雜貨店、修船場、豬舍等，還有的船滿載著蔬果，正和水上人家進行交易。傳統水上人家的風情盡在眼前。

這個盡責又專業的小男孩，一遇上「塞船」，馬上起身協助他父親讓船駛離狹窄的湖道。這裡的水上人家一輩子住在漂浮的船屋上，已經找出和大自然的共處之道。我拿出背包裡的一支紅藍黑的三色自動原子筆送給他，他用中文跟我說：「謝謝！」

在船靠近水上餐廳時，我們已經見到兩、三艘小船上有幾個年齡不一的小孩，有的身上一絲不掛，有的僅著下衣，他們伸出小手向觀光客招手乞討，也有母親抱著襁褓中的嬰孩，甚至有個小孩窩在一個黑色的澡盆中，手裡拿著一根小木棒向觀光客划過來乞討。

在水上餐廳喝椰子汁時，我見到小男孩正拿著原子筆在向他的朋友炫耀著。我不知道這支原子筆對他的意義是什麼，但是，我知道台灣的孩子如果有機會見到這樣的景象，應該會更加對生活中的一切惜福感恩。

離開洞里薩湖，為了躲避午後的烈日，並等待爬到克姆山頂看落日，我們找了一家柬埔寨餐廳下午茶。那是一家延伸到河邊的高腳屋餐廳，餐廳裡吊滿了吊床，我們請嘟嘟車的司機和我們一起喝著Angkor啤酒，吃著他們當地的水煮蝦、薑絲炒雞肉和烤牛肉。我吊在吊床上，翻著旅遊書，清風徐來，原來幸福可以這樣簡單。結帳時，老闆訓練他的兒子用英文寫帳單，在等待他算帳的過程，我見到了父母對子女成龍成鳳的用心，以及下一代的希望。

還有一個希望，出現在往巴肯山的山路上，第一天因為下雨，已經錯失了巴肯山的落日，但總不能錯過山上的美景，於是我們

往山上爬去，因緣際會跟著一群要到山上野餐的孩子走，這一群
孩子，人手一個塑膠袋，袋子裡可以見到一瓶水和一球飯團。我
對著走在隊伍最後的三個小男孩打招呼說 "Hi!" 其中一個主動問
我們從哪裡來的？然後介紹自己："I come from Cambodia." "I am
fourteen year old." 還問我們是作什麼工作的？什麼時候回台灣？到
了山上，這群孩子在古蹟前玩遊戲，歡笑陣陣，我拿起相機和他們
拍照，並錄下影片，他們見到自己在影片中，興奮不已。

走進吳哥窟的時光隧道，可以見到陽光透過兩旁茂密的大樹灑
落地面的晶瑩，也可以體會午後的陣雨把古城襯托得更加神祕而迷
濛，前後強烈落差的感受交相輝映成一幅幅耐人尋味的畫面，就像
存在已數百年的「高棉的微笑」，屹立看著貧窮與富貴、爭戰與和
平、興盛與衰敗、貪婪與知足，但大佛們不改他們的微笑，那代表
著一種無窮的希望。

知足的人看見自己所擁有的並將其放大；不滿的人只想到自己
沒有的將其放大。於是，後者只能在不快樂的輪迴中繼續沉淪，看
不到希望。

*

克羅埃西亞的藝術家──維斯提卡和葛魯比斯奇原是相愛的情
侶，但在愛情走到盡頭時，卻不知該怎麼分配他們這段感情期間的
各種紀念物，丟掉又相當可惜，他倆心想一定有很多人面臨和他
們一樣的狀況。於是在首都扎格拉布（Zagreb）建造了「分手博物
館」（Museum of Broken Relationships），蒐集來自世界各地的紀念
品，而這些紀念品也到世界各地展出。

每件展覽品都有屬於他們自己獨一無二的故事，紀念物旁也註明了地點和戀情的時間。

「一對瓷娃娃」，背後隱藏著一則感人肺腑的故事。那是一位為了逃避家暴而移居愛爾蘭的女士送來的紀念物。當年她面臨生活困頓的低潮，正好在市集見到一個拿著一個信封，另一個在編織毛衣的瓷娃娃，正好符合她兩個女兒的興趣──一個喜歡閱讀書寫；另一個喜歡女紅。於是她買下代表她兩個女兒的瓷娃娃。往後瓷娃娃成為她們母女的心靈慰藉，一起度過生命的難關。而在她兩個女兒長大離家，各有成就後，她將瓷娃娃捐給分手博物館，並感謝上天讓她離開暴力的婚姻，給予她再一次重生的機會，放下過去，找到新的人生價值。

「一把斧頭」，是一個女同志在戀人主動坦誠劈腿後，心痛之餘拿起斧頭斬斷她們所有的紀念品，最後捐出斧頭，代表跟過去告別。

「一個SKYPE的鐘」，是一段遠距離的戀愛，女生把時間設定在男生所處地的時間，因為九個小時的時差，兩人戀愛時總努力抓緊可以聯繫感情的時間，但最後還是敗給了距離。

「一隻小熊」，一個新加坡華人女生，在和前男友開始約會後，男友就送了她兩隻小熊，他們各留一隻在身邊，當對方不在身邊時，小熊就代替對方陪伴。因為父母反對，所以，他們交往期間沒有合照、卡片和浪漫的飾品，只能暗中祕密交往。為期一年的戀愛分手後，她每天抱著小熊流著眼淚入睡，最後，她把小熊打包起來，甚至沒人注意到小熊不在了。

除了這些勵志和心碎的故事外，也有人幽默以對的。

「一對吊襪帶」，故事介紹上寫著：「我從來沒穿過這對吊襪帶。或許如果我穿了，這段關係搞不好還可以撐久一點。」還有「一支老舊的Nokia手機」，捐贈者說：「早該落幕的戲分分合合拖了300天。他把他的手機給了我，這樣我就沒法再打給他了。」

我曾在雜誌上看過這個博物館在英國展出時。其中有個展示品是前戰地軍人捐贈的義肢。在腿斷治療期間，他愛上了他的物理治療師，不過最終他們的感情還是沒能像「堅固材質」打造的義肢那樣長久。

「只要從同理心出發，生活中到處都是創意；而目前AI最不能取代的就是創意。」這是參觀完這座博物館給我的收穫。

*

2015年，我到波蘭、波羅的海三小國和俄羅斯旅行時，結識了一位長輩。當時他相當低調，說自己是做黑手的，可是明明英文又很溜，而且旅途中不經意分享旅遊經驗又似乎無所不知，連北韓都去過了。我看得出他是個很有故事的人，便總是逗著他多聊幾句，才知道他是個白手起家在台灣相當知名的機械電纜領域的公司負責人。

旅途結束前，他問我下一趟計畫去哪裡？我跟他說：「回去賺錢，存錢去北歐五國。」他說雖然他已經去過了，不過如果我到時再找他，他一定立馬出發。當時，我想應該只是應酬客套話，沒想到隔年4月我告訴他我的行程，他真的先飛到斯德哥爾摩玩了幾天，然後帶著一個強國人——崑山廠的總經理出現在機場。當時看到他，真是感動不已。這更證實了一個說法：成功的人絕不信口開

河，一定都具備誠信的原則。

　　兩次旅行讓我們成了忘年之交，我也一直慫恿黃董事長應該把他的艱辛的求學歷程、創業經過、人生體悟，甚或是旅遊80國的經驗寫成回憶錄。果然，2018年年初他完成了三萬多字的回憶錄，而我有幸拿到熱騰騰的光碟第一個拜讀；謙虛的董事長希望我給他修正的建議。

　　原本跟董事長約好我得準備好月底一個演講的簡報，才能認真拜讀他的大作，沒想到我將檔案存到電腦桌面打開後，才看到第二頁就有點欲罷不能了，我踩了煞車，退出檔案，我知道再下去會不可遏止。

　　我超出進度利用兩個半天快速地完成了我的演講資料，然後交給助理幫我製作成簡報，我實在太急著打開那部精彩的回憶錄了。

　　黃董事長，出生於1939年，從牧童和農夫，轉行到機械工程師，再到企業主。走過戰亂和威權時代，到現今的自由民主；走過農業社會的「手工業時代」，到如今的「物聯網時代」。35歲創業至今，從新莊化成路巷道裡租的兩層樓工業廠房，到土城工業區700多坪的標準機械廠房；從2003年底到四川設廠，到2008年到上海崑山的第五間工廠；從巴西聖保羅市的工廠，到西班牙巴塞隆納的分公司，已堪稱為全球公司。

　　我利用三天細嚼慢嚥看完了三萬多字的回憶錄，比審查博士論文還用心，因其精彩的內容簡直就是一部台灣中小企業的發展史以及到大陸開發設廠的辛酸史；這還不是最吸引我之處，最讓我動容的是：出生於離楊梅埔心鎮上四公里遠的偏僻鄉下的董事長的成長、求學過程與創業的艱辛，真是呼應了孔子說的：「吾少也賤，

故多能鄙事。」

　　董事長在文中說：美軍駐台期間，鎮上有間小教堂，他們去教會跟著牧師喊一聲「阿門！」就會發一袋奶粉回家。這也就不難理解台灣原住民信奉耶穌基督那麼普遍了。他母親會利用美援的奶粉布袋或盛肥料用過的布袋，給他們縫製衣褲，穿在身上有中美合作或肥料名稱斗大的圖文標示，走在鎮上很亮眼。鎮上的同學總是取笑他說：「美援奶粉來囉！要喝免費奶粉的趕快過來哦。」

　　下雨天母親會塞一條褲子在他的書包裡，在往學校的泥濘路上跌倒弄髒了可以替換。他到學校後，把髒褲子洗乾淨後，掛在教室後牆晾乾，活像一幅中美合作的「布告」。更好笑的是，他們每天早上在人操場集合升旗，由高年級的班長輪流到台上拉旗繩，輪到他上台時，他身穿中美合作斗大商標的衣褲，面對全校師生，像是免費替老美打奶粉廣告，難怪小教堂的牧師對他特別好。

　　他在小學畢業後以優異的成績考上台北的師大附中，因為哥哥在鐵路局工作，家屬有免費乘車證，因此，父親就讓他去讀師大附中。然而，也開始了他的「童年夢魘」。他每天要4點鐘起床徒步走40分鐘的牛車路去埔心火車站搭清晨5點的早班火車到台北，傍晚下課一路趕回家，途中還要經過一片濫葬的墳墓區，到處都是墓穴開棺撿骨後棄留現場的棺木板，有時路過時還會看到四處靈火飄起，加上遠處的狗嚎聲，但他一點也不怕，覺得自己窮得應該連鬼都沒興趣。

　　上了台北工專後，他繼續每天的長途奔波上學，在無形中也鍛鍊了身體。

　　在班上他個頭最小，上體育課不論跑跳和打球都比不過人家，

但體育課在最後一學期期末考試跑5,000公尺,他竟意外地跑出第一名,得到和第二名遠遠拉開的好成績。苦命的人終於難得獲得了一次熱烈的掌聲。這簡直就是1997年伊朗《天堂的孩子》裡的情節。

董事長在文中還提到他創業的艱辛,不分晝夜的辛苦操勞,每天除了吃飯、睡覺外就是工作。

有幾次疲累到車在路口等綠燈,都可以打瞌睡到後車猛按喇叭都吵不醒他,好在當時路上車輛不多。

陪客人交際上酒家喝酒,客人划酒拳大聲喧嚷,不喝酒的他在一旁坐得無聊,也開始打瞌睡,一直睡到要結帳,他才被叫醒。

遠程出差從歐洲回國,從桃園機場下飛機就直接趕回工廠幹活,根本沒有調時差的問題。出國訪客,多國旅行轉機都選搭紅眼班機,以不耽誤白天工作。訂單少了,擔心工人沒工作;訂單多了,又因交貨誤期而著急。在巨大工作壓力下,身體過度勞累到難以承受。也許是精神負擔過重,晚上上床後仍不能放下心好好休息,50多歲就得了高血壓。

至於他一生最大的遺憾就是:原本期待可以和結髮妻子在攜手奮鬥、事業有成後,攜手環遊世界,沒想到和妻子只有結縭47年的夫妻情緣,美夢成空。由此也可見董事長是個重情義、有溫度的性情中人。

董事長是除了我父親以外令我最敬重的長輩,他做事的「堅持」單單從旅途中幫我們拍照就可見出。為了抓到最好的角度他蹲著馬步捕抓他滿意的瞬間,也許是設計的專業也展現了構圖的美學。他不擺架子的謙遜好禮也令我佩服。我接觸過業界幾位董事

長，有的財大氣粗令人「敬而遠之」。

　　我鼓勵他應該將回憶錄出版留存，但他卻表示：「小人物的小故事啦！我們那一代人都差不多，像那些老榮民退伍老兵也有很多動人的故事呀！」董事長的生活底蘊與人生態度值得我學習。

　　不論董事長的回憶錄最後以怎樣的形式「公諸於世」，我感恩自己能從中得到無形的收獲並內化於心，也將於未來在教育的場域中分享給學生。

＊

　　2016年暑假，報名了「行健旅行社」準備帶父親旅行北歐五國，期待中的出發日，在颱風來襲的預報中惴惴難安。旅行社突然在預計出發的前一天先是通知要提前中午飛，之後又一通電話確定要提早到早上飛香港避開颱風。原本是台灣飛泰國曼谷，再轉機到瑞典斯德哥爾摩的；現在因為颱風，旅行社送我們提早一天飛到香港過一夜，然後再飛曼谷接上原來的航班。對於這樣突如其來的安排雖然讓人措手不及，但我一方面在更動活動時，也慶幸多賺了一天的香港自由行。

　　飛抵香港後，領隊安排我們入住，也告訴我們有飯店免費的巴士到維多利亞港，他約好晚上6點如果有要出去逛逛的，可以跟著他。在巴士上我跟領隊閒聊，讚賞他們旅行社有魄力的安排也謝謝他額外帶大家出遊，我跟他說：「有一種贏得大獎的意外喜悅呢！」但他卻說他也要謝謝我們這麼通情達理。原來，剛剛在飯店大廳，也有一團他們公司出的團，是走北歐四國的。其中有多數人正在跟他們的女領隊抱怨著：「讓我們提早一天出發，害我們要臨

時跟公司請假，到了香港只是負責機票和住宿，也沒有招待行程和用餐，真不知道那麼早把我們弄來這裡幹什麼？」我一直以為喜愛旅行的人，都是很開朗、隨遇而安的，我難以想像地跟領隊說：「已經都玩到北歐了，還會有這樣的人。」領隊說一樣米養百種人，他做這一行看過財不大、氣卻很粗，頤指氣使的假有錢人；也見識過低調謙虛的上市公司的負責人。

這個經驗教會我：

第一，這趟旅行按照旅行社的既定行程，其中有兩段內陸班機，為了讓行程順利，不被颱風打亂，他們寧願第一時間花小錢也要顧全旅客的權益，這真是為他們公司做了最棒的無形的廣告。口耳相傳的行銷力量，勢必能讓他們「行得穩健，走得長遠」。

第二，抱怨且計較的人，只看得到眼前失去的，卻看不到自己所獲得的，這樣的人不管走到哪裡都不會快樂。

璀璨多樣的海濱之城──青島

　　因著許多作家筆下的青島，我在未訪青島前，就已經愛上了這個有「東方瑞士」和「亞洲日內瓦」美譽的海濱城市。

　　郁達夫說：「恐怕在東亞，沒有一處海水浴場能趕得上青島。」

　　沈從文自述他在青島大學任教期間是：「一生中工作能力最旺盛，文字也比較成熟的時期。」每天雖只睡三個小時，卻只要到海邊就覺得身心舒適，他在〈我的寫作與水的關係〉寫著：「我的住處已由乾燥的北京移到一個明朗華麗的海邊。海既那麼寬泛，無涯無際，我對人生遠景凝眸的機會便較多了些。海邊既那麼寂寞，它培養了我的孤獨心情，海放大了我的感情與希望，且放大了我的人格。」

　　老舍難得以抒情寫散文，但卻在山東大學任教期間寫了〈五月的青島〉：「五月的海就彷彿特別的綠，特別的可愛；也許是因為人們心裏痛快吧？看一眼路旁的綠色，再看一眼海，真的，這才明白了什麼叫『春深似海』。綠，鮮綠、淺綠、深綠、黃綠、灰綠，各種的綠色，連接著，交錯著，變化著，波動著，一直綠到天邊，綠到山腳，綠到漁帆的外邊去。風不涼，浪不高，船緩緩的走，雁低低的飛，街上的花香與海上的鹹味混到一處，蕩漾在空中，水在面前，而綠意無限。可不是春深似海！歡喜，要狂歌，要跳入水中去，可是只能默默無言，心好像飛到天邊上那將能看到的小島上

去，一閉眼，彷彿還看見一些桃花——人面桃花相映紅，必定是在那小島上。……」

梁實秋即使到了台灣，仍對青島的美食念念不忘，在〈憶青島〉中說：「說來慚愧，『飲食之人』，無論到什麼地方總是不能忘情口腹之欲。青島好吃的東西太多，牛肉最好，銷行國內外。德國人在中山路開一餐館，所製牛排我認為是國內第一。……青島的海鮮也很齊備……青島一帶的白菜遠銷上海，短粗肥壯而質地細嫩，一般人稱為山東白菜……」

我在大學時研讀得很辛苦的《中國文學史簡編》，是陸侃如和馮沅君這對賢伉儷在1947年到青島任教於山東大學時期完成的；我喜歡的女作家蕭紅，曾在青島待不到五個月，卻與青島結下了不解之緣，並完成了長篇小說代表作《生死場》。

*

2014年，我和另一半利用中秋假期，經過2小時15分鐘的飛行，抵達依山傍海，具有迷人的濱海風情的「青島」。

我們入住「世紀文華酒店」，酒店的地理位置優越，北面有浮山，往南走就是大海，散步就可走到全國最大的「極地海洋世界」、「奧運帆船比賽基地」，沿著海邊走就是「雕塑一條街」以及「石老人國家旅遊度假區」。

青島的雕塑一條街，以東海路為紐帶貫穿東西，西起八大關風景區，東至石老人風景區，全長12.8公里，全線沿海濱有近百座雕塑座落在12處遊園。每個雕塑作品皆有其主題，這些將海濱點綴得更加多姿多彩的作品，都有著與海洋相關的正面積極的文化底蘊。

走在這條路寬3.3米的藝術長廊，道路兩旁都有綠化，步步皆景，舉目盡是美感。途中到處有休閒椅和亭台，可吹海風稍作休息，你可以悠閒地在不知不覺中走完12.8公里，愉悅地得到身心靈的美學舒緩。

青島的多處景點都有神祕動人的歷史傳聞，關於「石老人」國家旅遊度假區就有個特別的傳說。一個善良的漁民，跟女兒相依為命。不料女兒被龍王搶走，可憐的老人日夜在海邊望眼欲穿到兩鬢發白，也不顧海水淹及膝，仍守在海邊。龍王施展魔法，將已腰弓背駝的老人的身體漸漸僵化成石。女兒得知後，拼命衝出龍宮，奔向已變成石頭的父親。她頭上的鮮花被海風吹落到島上，紮根生長，因此「長門岩」和「大管島」長滿野生耐冬花。當她跑近嶗山時，龍王又施魔法，把她化作一個孤寂定在海上的巨礁──「女兒島」。從此父女只能隔海相望。這樣的傳說故事，把這些景點襯托得更為淒美。

從酒店隨意散步到海邊，見到一間特別的青年旅館，便走進參觀，這是一間很具海洋風格的青年旅館，除了房間，還有咖啡座和酒吧區。牆上很多標語都挺有意思的──「現在的努力是為了小時候吹過的牛B」；女生的房間在樓上，在通往樓上的指標旁又立了一個友情提醒：「您已經進入豔遇高發地段，請保管好自己的媚眼、貞操及風騷。」；這裡的房間也提供兩人房，房門口有張海報貼著：「請保管好您的隨身物品和女朋友。」準備離開時，聽到狂歡的音樂，原來門口已經有人架起烤肉架，串著烤肉串，旁邊有三、四手的青島啤酒了，想必這是個青春奔放的歡樂周末夜。

青島，以其現代化的濱海城市、歷史意義的名勝古蹟、寬闊平

緩的沙灘以及優美狹長的海岸線，在微風的吹拂下，招喚著旅人以浪漫的心情觀海、踏浪、登樓，彩繪其色彩斑爛的旅人日記。

＊

　　沿著海濱散步一段後，決定節省時間，打D（編按：搭計程車）前往「八大關」，算是進行一場城市觀光，搭上車後，師傅聽我們的口音問我們是從福建來的嗎？當得知我們從台灣來後，打開了話匣子，跟我們介紹幾個必玩的景點。我跟他說台灣也是個相當適合自助旅遊的，歡迎他有機會到台灣玩；沒料到這位擁有高壯身材、戴著黑色墨鏡的光頭老兄竟說：「喔！我不敢去。聽說台灣人很不喜歡我們中國人的，不是嗎？」我們還來不及反應，他已經淘淘不絕講起幾年前海峽兩岸政治交流期間，陳雲林到台灣受到民進黨一連串的抗議，還有張銘清在台南被推擠，跌倒在地下的窘境。「我怕被打。所以，我不敢去台灣。其實我們都是一家人嘛！」他又補了一句。話說山東人外表倔強豪邁，但內心敦厚溫和，沒想到2008年的新聞事件，對這位師傅造成這麼深刻的刻板印象，下車前，我還是邀請他有空到台灣來玩：「台灣的東西可好吃了，我們人也很好的啦！只是少數人比較激進，我們可都是一家人嘛！」下車後，他還大聲叮嚀我們「散步」的正確方向，擔心我們會迷路。

　　具有歐洲風情的「八大關景區」是我最期待的景點之一，位於匯泉東部，是中國相當著名的風景、休閒療養區，有十條幽靜清涼的林蔭大道縱橫。至於為何叫「八大關」？因為剛開發時，這裡有八條大道就是以著名的關隘命名，之後增加到了十條，這十個關名是：山海關、正陽關、嘉峪關、武勝關、紫荊關、甯武關、居庸

關、韶關、函谷關和臨淮關。

和廈門的「鼓浪嶼」一樣，這裡的「萬國建築博覽會」表達了風格迥異的德式、俄式、英式、美式、法式、義大利式、瑞士式、希臘式、西班牙式、奧地利式以及日式……等各國精湛的建築語言，獨具匠心地訴說著每幢別墅的流金歲月。

散步在「八大關」裡，「漫活」成了必要的享受，這在十步一林，百步一園的氛圍中，每一個轉角都有意外的驚喜。

我們在建於1930年的「花石樓」駐足，她位於第二海水浴場岸邊，風景獨特，環境優美。是一幢融合了西方多種建築藝術風格的歐洲古堡式建築──希臘、羅馬式與哥德式特色，是八大關風景區的標誌性建築物。

蘇聯十月社會主義革命後，一大批俄國人來到青島定居，其中不乏許多富豪。1932年，據說一位名叫格拉西莫夫的白俄人在臨海岬角上修建了這座海濱別墅。主體共五層，頂層為觀海台。

因為樓內由大理石貼牆面，樓外又砌有鵝卵石，所以命名為「花石樓」。蔣介石曾在此居住，之後，又成為接待中外貴賓的處所；此外，還有不少電影也都在此樓內、外取景拍攝。

最讓我想探訪的就是「公主樓」了，多麼美麗的童話名啊！「公主樓」，可是有來歷的。據說在1929年，有一位丹麥的王子乘著「菲歐尼亞」號豪華客輪到青島觀光。當王子來到湛山海濱時，受到八大關美麗的海濱風光所吸引。兩年後，丹麥王國在青島設立了領事館，王子便委託當時的領事在八大關海濱購置土地，按照安徒生童話中的意境，設計建造了這座丹麥古典式建築，準備將其作為禮物贈送給丹麥公主，讓她來青島避暑時居住。雖然丹麥公主最

終未曾到過青島，但卻留下了這座遠近馳名的「公主樓」。

我喜歡「公主樓」的尖塔與不規則斜頂屋，尤其整棟別墅是相當特別的淡墨綠色，整個就是只有「童話」兩個字足以形容。

＊

中山公園，是青島歷史最悠久、最具規模、設施最完備的綜合性公園，在這裡最能融入當地人的生活。我們帶著簡單的午餐，準備到公園裡野餐，感受青島人過中秋的團圓喜氣。

走在通往公園大門的「櫻花路」上，雖然4月才是櫻花盛開的時節，但卻可想像其重重疊疊、爭芳鬥豔的盛況。遙想1914年日德戰爭後，日本取代德國統治青島，著手擴種櫻花，造就了這一條長達近一公里貫通公園南北的璀璨的櫻花長廊。歷史的痕跡也在每一株櫻花樹的生命中訴說著。

逛了公園一大圈後，意外發現「太平山中央公園的觀光索道」的索道入口，全票100元人民幣，有三個站正好呈三個角的景點區域可供上下和參觀——中山公園站、太平山站以及湛山寺站。

青島是中國五大港之一，因為曾被德國占領，所以，留下了很多歐洲風情的建築與戰場的遺跡。想要俯瞰整座發展快速的青島，搭乘觀光索道，在空中咀嚼青島的容貌，是還蠻不錯的選擇。

在太平山站下車後，可去參觀「德國百年戰場的遺址」和「德國一戰碉堡群」，還可免費進入「百年德國酒窖博物館」，去看看這座建於1898年的「拉菲特酒窖」，這座酒窖其實原本是個碉堡，本來是德軍在作戰時儲存戰備物資及生活物品的地方。但葡萄酒在歐洲人的飲食文化中占著舉足輕重的地位，因此，德國海軍上校羅

紳達將其改建為酒窖，這是他改建的德軍碉堡之一。

青島的獨特面貌，隨著纜車一下子越過一大片綠油油的樹叢；一下子展示依山而築的雄山險峽；一下子又海拔而立地顯現其碧海連天在旅人面前。旅人的心情也隨之驚濤拍岸心舒神爽起來。

我們從湛山寺站下纜車，到寺廟前先經過一座善男信女放生積德的「放生池」，這個池塘盛開著蓮花，有低垂的柳葉相陪。繞過池塘，登上臺階，便見寺院，塔內共有三層，登塔而上，可以見識青島山海風光的人器。

*

到訪青島，一定要登上「小魚山公園」——具古典風格的山頭園林公園。登山後可以將棧橋、小青島、魯迅公園、海水浴場、八大關等美景，以及整座海岸的全貌盡收眼底；還要爬上共三層的「覽潮閣」，在環閣護欄的平臺上，旅人可以憑欄極目欣賞老城區紅瓦屋頂的德式建築、匯泉灣和信號山。

穿越時空想像詩人聞一多、戲劇家老舍，他們曾到此，和我同樣面對著藍天、碧海、青山、綠樹、紅瓦、黃牆；但不同的是，他們當時懷抱著滿腹的理想正為民族文藝復興而鬥爭。

小魚山下的「康有為故居」，在1984年被列為重點文物保護單位，已成為青島這座歷史文化名城的一個重要象徵。

「青山綠樹，碧海藍天，中國第一」是康有為對青島的讚譽。在所有的文壇名人中，與青島結緣最深的非康有為莫屬。他從1917年初到青島，至1927年在此過世，十年間留下了大量歌頌青島的壯麗詩篇。從「康有為故居」裡的遺物，可見他與青島豐盈的情感。

我們走在「文化名人故居一條街」上，康有為、沈從文、老舍、梁實秋以及陸侃如和馮沅君這些名人過去在這裡的生活景像似乎也耐人尋味起來。「文化名人故居一條街」的悠悠歷史招牌，斑駁卻意義非凡。

*

到青島一定要藉由青島啤酒，進行一場啤酒文化之旅，以閱讀啤酒的歷史與文化。

「青島啤酒博物館」座落於青島啤酒的發祥地──登州路56號。青島啤酒廠建於1903年，具有相當的建築藝術與社會價值；2001年，有關單位為了保護這座遺產，按照原本的建築依託而建成現今的青島啤酒博物館，在2003年8月15日正式對外開放。

在A館區，旅人可以和啤酒的歷史對話，延續著時空的脈絡，瞭解啤酒的起源、中國的啤酒文化以及啤酒與青島城的記憶。這裡有個落地的大型展示櫃──「世界啤酒博覽」，世界各國的啤酒都在這裡了；在B館區，可以見到百年德國建築與設備被充分的利用，啤酒釀造的發展史以及現代自動化的生產設備，最特別的是利用了現代神奇的全息影像，再現老發酵池的工作場景；在C館區，一見到酒吧區就知道可以現場品嚐最新鮮的青島啤酒，除了啤酒，還附送了兩包小花生米下酒。不知是不是心理作用，感覺特別好喝。

這一區還有青島啤酒相關的紀念品可買回去當伴手禮；另外，還有一些綜合娛樂設施，「醉酒小屋」是一定要去體驗的，這個小屋是利用人體視覺與體感平衡的原理設計的，在屋子裡走路會一直

傾斜，無法控制自己身體，還會感到頭暈、噁心，就跟酒醉的感覺一樣，真是太有意思了。

離開博物館可以在登州路的「啤酒一條街」找個餐廳晚餐，吃燒烤配啤酒是最特別的青島享受了。

隔壁桌的當地人反而跟我們推銷他們比較喜歡的「嶗山啤酒」，他們認為嶗山的水釀成的啤酒比青島啤酒好喝，而且也比較便宜。

＊

「青島」本來指的是城區前海一海灣內的一座小島，因島上綠樹成蔭，終年鬱鬱蔥蔥而得名「青島」。她有一種獨有的魅力，是其他城市所沒有的風雅淳樸、溫柔自然。

適逢「2014青島世界園藝博覽會」，我們臨時安排一大早搭公交車前往。

入園門票120人民幣，從大門口到剪票口，陸續有人在兜售門票只要70人民幣，我們當然不想惹麻煩。到了剪票口，還有個男人嘲笑我們不買70元，去買120元的門票。

園區很大，所以可搭乘遊園電車，節省體力和時間。車票35人民幣，停三個主要的展館——中心廣場、主題館與植物園。在中心廣場有定時的水舞秀，相信晚上應該是更美的；主題館裡有相當特別的聲光影像秀，藉由輸送帶帶領遊客從各個角度欣賞各國的特殊景觀，有北極光、水母、冰河、高山和大草原；循著地圖走了很長一段路，到達期待中的「國際園」，這裡有各國獨特的建築，但裡面卻都在賣該國的特產，真不知與園藝主題有何關聯？

值得讚許的是交通運輸，在園區出口有六條快線公車通往四面八方，票價三塊人民幣就可以方便來往。

*

若要說每個城市有顏色的話，我想，青島是屬於「亮色系」的——原為德國人聚會禮拜之所的「基督教堂」，典型的德國古堡式建築，陡斜的紅色屋頂與綠色尖頂的鐘樓；「五四廣場」上火熱大紅的標誌建築物「五月的風」；「第一海水浴場」五顏六色的遮陽傘；許多靠海邊的餐廳，因為藍白的基調，頗有置身於希臘小島的感覺。這些繽紛的亮色系，襯托著遠映的青山與成蔭的綠樹，就像旅人絢爛的心情，自由奔放。

青島市政府於2002年開始，分段建設一條全長約36.9公里的濱海步行道。我最喜歡青島的濱海步行道，因為讓我和壯闊的海洋更為親近。沿著濱海大路漫步，從「魯迅公園」到「浮山灣」，各種景致熱鬧非凡，目不暇給。旅人們似乎在海浪聲中，聽見內心的呼喊；也好像在內心的平靜中，見到波濤渴望洶湧的心。

青島的海濱很長，散步起來很悠閒，每個轉彎的濱海景致都有如上天送來的禮物。「太平角公園」座落在海濱風景區內，往東南方散步走棧道就會到「太平角」，距離黃海太平灣最短的直線距離只有200米。這座公園樹林茂密，最難得的是可以好好享受無價的「氧吧」；另外，「太平角」濱海有家名為「一杯滄海」的咖啡廳相當適合小憩觀海。

在青島，你可以縱橫馳騁駕駛自己的心情，隨時帶著無比的愜意，可以肆意地投入波光瀲灩的大海，放眼極目，穿梭在青島灣上

的客輪、遊艇和大小帆船之間；也可以散步在市南區的湛山路和太平角路，在綠意盎然中欣賞兩旁的別墅。

　　再別青島，我會想念在花木扶疏「棧橋公園」觀海；在沙淨水清、浪小水穩，地勢為「月牙形」的「第一海水浴場」游泳；我會想念漫步在「魯迅公園」的青石小道上，聆聽海風的聲音和海浪衝擊海岸的聲響……。

與風塵起落的「波蘭」結一段塵緣

在求學階段，我從課本裡認識了「哥白尼」：地球不是宇宙的中心，只是月球軌道的中心；宇宙的中心在太陽附近，包括地球在內的行星都環繞著太陽轉動。他的「日心體系」雖然距離我很遙遠，但對於在追求自己宇宙中心的我，佩服不已；在為聯考苦讀的夜晚，我意外聽到收音機裡流洩出的「蕭邦」夜曲，有一種安定的力量；為了作文拿高分，我努力背誦名人的名言，「居里夫人」說：「如果能追隨理想而生活，本著正直自由的精神、勇往直前的毅力、誠實不自欺的思想而行，則定能臻於至美至善的境地。」這給當時茫然的我一股很強大的往前的動力。

後來發現「哥白尼」、「蕭邦」和「居里夫人」竟都來自波蘭。2015年8月，我前往這個陌生的國度，細數每一片曾經的記憶。

波蘭華沙的三大名人——居里夫人、哥白尼和蕭邦

在波蘭首都華沙的「舊城區」廣場的五號門牌可以見到祖籍是波蘭的女科學家——居里夫人的紀念博物館。

居里夫人誕生在華沙城一幢公寓一樓，母親早逝讓她更為早熟。在她中學階段波蘭當時被普魯士、奧地利、俄國一分為三，華沙歸俄國統治，人民生活苦不堪言。因為女性角色，她不能在俄羅斯或波蘭的大學繼續進修；因此，只能當家教賺錢存錢計劃到國

外求學。24歲的她離開故鄉到巴黎念大學，巴黎的冬天特別冷，早上，她要下到一樓取洗臉水，可是端上閣樓時，水面已經結成冰。她在飢寒交迫中取得了物理和數學的碩士學位，成為該校第一名女性講師，還得到波蘭華沙玫府給予海外優秀留學生的「亞歷山大獎學金」。

之後，與志同道合的法國科學家居里結婚，兩人一起做實驗研究。在1898年，發現能在黑暗中發光的白色金屬，為了紀念居里夫人的祖國波蘭，兩人將此元素命名為「釙」；1903年，通過博士論文口試，是全世界第一位女博士。之後，又發現了「鐳」，造就她獲得兩次諾貝爾文學獎。居里夫人雖被法國人埋葬在最高榮譽的國家先賢墓園裡，但波蘭華沙人始終以這位被愛因斯坦稱讚：「在所有著名人物中，居里夫人是唯一不被榮譽所腐蝕的人」為榮。

＊

沿著華沙主要幹道——「新世界街」往老城區方向直走，就會銜接「克拉科夫郊區街」，便能見到樹立在Staszic Palace前的「哥白尼紀念碑」，這座紀念碑是為了紀念來自波蘭的世界著名的天文學家哥白尼而建的。紀念館前的廣場上，哥白尼的銅像手上拿著地球儀和圓規，像是在解說天體運行論。

我想，哥白尼之所以能受到波蘭人的愛戴，原因還在於他在1506年從義大利攻讀法律和醫學學成返回波蘭後，擔任主教舅舅的秘書並兼教會的醫生，他不但醫術高明，還特別照顧來找他看病的窮人，免費看病還送藥，窮人們都稱他是古希臘的醫神「阿卡拉司再世」。

　　科學家與天文學家的身分離人們太遙遠，但是哥白尼卻以其醫術與醫德也讓波蘭底層的人民深深懷念。

＊

　　蕭邦於1810年，出生於華沙附近的小鎮。當時的波蘭，早已被蘇聯、普魯士和奧地利瓜分多年。

　　蕭邦是個天才音樂家，六歲學習鋼琴、七歲能作曲，到了八歲已經登台演出。19歲開始便在華沙、維也納、巴黎舉行音樂會。1930年，波蘭爆發戰爭，蕭邦從此流亡巴黎，再也沒有機會回到祖國。

　　39歲，蕭邦在巴黎離世前，曾囑咐姐姐要將他離開波蘭時，父親交給他的，他所珍藏的故鄉的泥土，撒在他的墳上；姐姐也依照遺願——遺體雖葬在巴黎的墓地，但卻將心臟挖了出來，帶回華沙他最愛的「聖十字教堂」（Holy Cross Church）。目前蕭邦的心臟就存放在教堂左邊往前數的第二根廊柱內。

　　2010年，為了迎接蕭邦200歲誕辰，波蘭在「克拉科夫郊區街」的「皇家之路」上設置了Chopin's Benches，在這些規格相同的黑色公共長凳上，只要按上長凳邊上的一個鈕，就會有蕭邦的生平故事和音樂流瀉，陪著旅人揣想著和蕭邦約會的心情。

　　華沙大學是蕭邦生活過的地方，就在華沙大學正門口的對面，便可見到蕭邦曾待過的琴房。樓房門前便可找到一個長凳喔！

　　華沙最有名的公園——「瓦金基公園」裡也豎有蕭邦的紀念銅像。這座舉著右手、側耳似乎在傾聽音符的蕭邦銅像就立在巨大的噴泉旁。一進到公園便被繚繞的音樂與人群給吸引，原來今天是週

六假期，通常在春天與秋天的下午，這座蕭邦露天音樂台都會請來知名的音樂家，舉辦一、兩場演出；當地人就會帶著野餐墊與野餐籃，或者隨意就躺在草地上，享受免費的戶外天籟饗宴。

我脫下鞋子，踩在舒服的草地上席地而坐，旁邊有一對情侶正舉起紅酒杯和我對望而笑，我忍不住脫口而出："C'est la vie"（這就是人生）。他們聽我講法文，瞪大了眼睛，有些疑惑，問我從哪裡來？我跟他們說 "Taiwan"，他們重複著 "Taiwan?" 但輕搖著頭，我補充說："Taipei 101"，他們馬上點頭了。此時，音樂會開始了，主持人介紹演出的女鋼琴師出場，情侶告訴我，那是他們國內有名的鋼琴師，漂亮又有才華。

我很愉悅地欣賞了半個小時的蕭邦鋼琴演奏，聽覺、視覺、嗅覺和觸覺都得到了充分的享受。我和蕭邦，在這樣一個清風徐來的午後有了一場優質而難得的邂逅。

難以想像的殘酷──「奧斯威辛集中營」

2005年，我到荷蘭阿姆斯特丹旅行，還特別去參觀了在王子運河263號的「安妮之家」──1929年，出生於德國的猶太人安妮和家人為躲避納粹的追捕，從德國逃到荷蘭，躲藏到她父親曾任職的公司辦公室後方的小屋。《安妮的日記》，就是她在1942年6月到1944年8月間所寫的日記。這本日記紀錄了她13到15歲之間提心吊膽的「躲藏」生活與成長的轉變。

安妮在她的日記裡寫著：「只要有人從外面頂著風走進來，帶著一臉寒冷的表情，我就會想：『我們何時才能呼吸新鮮空氣

呢？』這時候只要用棉被把頭蒙起來便可以忘記一切，但是我沒有這樣做，反而把頭抬得高高的，充滿了勇氣。」；「我經常會出現意氣消沈的現象，但我絕不絕望。我把我們這個隱密之家看成一種冒險，同時也具有浪漫與有趣的一面。……」不知是否因為與我當時的心境有關，我看到的是安妮堅強樂觀、勇敢率真的一面。她在日記中記錄著每天晚上，德軍用大卡車載走一車一車滿滿的猶太人。德軍拿著名冊一家家找尋是否藏有猶太人，並加以逮捕，天黑後「一群善良無罪之人，連小孩一起被德軍帶走，被德軍毆打，一個拖著一個。不管是老人也好、嬰兒也好、孕婦也好，沒有人能夠得到倖免──所有的人都向死亡之途前進。我們能夠逃過祕密警察的追捕，愉快地在此處安身，真是何其幸運。」當情勢每況愈下，食物漸為短缺，連腐敗的蔬菜、馬鈴薯都得吃，每天三餐都吃相同的東西，安妮還可以苦中作樂說在這裡可以減肥、保持身材。樂觀的安妮在困頓的環境中仍懷抱著理想，還計畫未來想成為新聞記者或作家。

然而，當我真正親臨安妮筆下的「隱密之家」，見到三層閣樓中的一間黑暗而狹小的密室，還有通往密室的陡直的樓梯，真難以想像在那樣擁擠的空間裡要擠進八個人，而且他們還得想辦法過日子，在劣質的生活條件下繼續讀書學習、上廁所、洗澡，每天還要找時間做體操，以免因活動範圍狹小導致活動量不足。他們大部分的活動都必須集中在白天，因為晚上不能開燈，但白天樓下有人上班，所以他們也必須輕聲細語，謹慎行動──「一想到會不會被發現而殺掉，我就好擔心。這種感覺很不舒服，白天我們都盡量壓低聲音說話，不敢發出聲音，走路也是靜悄悄的，不然會被樓下倉庫

的人聽到而發生危險。」。

　　有一次安妮的姐姐不幸感冒，大夥為了讓她「止咳」，甚至想出了拿毛巾把嘴巴搗住的方法。「『隱秘的家』右側有一些大公司行號建築物，左側是家具工廠，上班時間一過便沒有任何人。雖然如此，我們還是擔心聲音會傳過去，瑪格特感染重感冒時，為了使晚上不要咳嗽，喝了很多止咳藥。從傍晚到晚上，愈靜愈使我感到害怕。」

　　在參觀「安妮之家」時，我更深一層體會到當時安妮的艱辛處境以及隨時擔心被發現的恐懼，同時也為了「安妮之家」最後還是被納粹發現感到扼腕，一個少女的夢碎了。他們被送往集中營，納粹監視兵想要強暴安妮的姐姐，母親不顧一切衝上前去與監視兵扭打成一團，母親當場被毆打並帶走。從此，兩姊妹便與母親天人永隔。安妮和姊姊後來被送往德國的貝根·貝森集中營，姊妹倆最後都感染傷寒。一天，姊姊從上舖下床時，不慎摔下床，身體羸弱的她便斷了氣；安妮最後也放棄了希望，不久也撒手人寰。最後，唯一的生還者是安妮的父親，也因此，我們才有機會見到《安妮的日記》的出版。

＊

　　2002年，我在德國見識他們的精密工業和修復古蹟的能力；2015年，我在波蘭「奧斯威辛」的集中營見到納粹的殘暴，也深深體會到和平的重要、領悟生命的真諦。。

　　1933年，希特勒在德國掌權並引入反猶太人的政權，接著便有一連串恐怖的追殺行動。

　　波蘭的「奧斯威辛」小城，留下了1940年納粹德國時期下令建造的最主要的集中營和滅絕營——「奧斯威辛集中營」。估計約有110萬人在此被有系統而計劃性地被殺害，超過九成都是猶太人。

　　1947年，波蘭國會立法把集中營改為第二次世界大戰中納粹德國統治期間的歷史見證；1979年，聯合國教科文組織將「奧斯威辛集中營」列入世界文化遺產。

　　在集中營裡共有三個主要的營區以及39個小型的營地或工廠。當時納粹對猶太人要求嚴苛的工作、集體處決以及不人道的人體實驗都在這裡進行。他們也在這裡殺害了波蘭境內知識分子、蘇軍戰俘和德國境內同性戀者及罪犯。

　　納粹德國統治下的囚犯是最早被用卡車運往集中營，1944年5月以後，建立了鐵路直接有效率地將收容人送抵集中營。接著就是由醫生們在幾秒之間決定一個人的生死與去處，醫生們先將收容人以種族、宗教、同性戀者等類別，再以性別、年齡、健康與否以及是否具有專業技能、可否成為人體實驗的對象去區分。經過篩選後，這些人會立刻被剃去頭髮、進行消毒、並且拍照建立檔案。而所有收容人的個人行李和財物都被沒收，成為納粹德國的戰爭資源。

　　絕大多數的猶太人、婦女、小孩、老人都是被判斷為沒有價值的人，會直接被送往刑場或是毒氣室殺害。至於活著的，有人被分配到專門處理毒氣室的屍體；有的知識分子或專門技術人員，如：藥劑師、水電工或醫生，則會被要求生產在戰爭中所需要的材料和武器。之後，醫生們還會按時將無法從事勞力工作的收容人送往毒氣室。

　　當時的收容人身上都被刺上了編號，目前在集中營看到的編號高達40萬號。我想起安妮在她的日記裡還寫著在荷蘭最大的猶太人屠殺所——畢克那‧奧修維茲：「女人也像男人一樣，凡是年紀大的、小孩、嬰兒及體弱者，馬上被送進毒氣室處死。剩下的人也是剃光頭，穿上破衣，在手臂上刺上號碼。」

　　在「奧斯威辛集中營」可以見到那些被剃光頭的猶太人所留下的頭髮，堆積如山，大約有七噸重。據說那些頭髮本來是被收集起來要做成地毯和毛織品的，最後德軍來不及運走那些頭髮。

　　收容期間，收容人每日的餐食、勞動內容以及對待會按不同等級區分。像是較低等級的——捷克、斯洛伐克、波蘭、蘇聯、義大利工人和高等級被對待的方式就有區別；而最低等的是猶太人，可從集中營中睡床床格的分配明顯看出。

　　納粹對收容人的折磨還包括要消耗收容人的精力，最殘忍的是收容人被要求在早上隨意地挖一個洞，而在下午填補同一個洞口。像這一類沒有意義的工作，也同時娛樂了德國軍官。

　　我看著集中營裡被保存下來的大量檔案照片、猶太人的遺物以及當時居住與受刑的處所，充分將納粹主義的殘忍與恐怖具體呈現，可以輕易想見當時所進行的大規模屠殺，其非人道與酷刑絕對是自有人類以來最大規模泯滅人性的「罪大惡極」。

　　在這裡參觀的心情是沉重無比的，特別是見到一間又一間堆如丘高的猶太人的衣服、眼鏡、皮箱、鞋刷、衣刷、義肢與鞋子。我想起2013年我在匈牙利布達佩斯見到「多瑙河畔之鞋」——在「國會大廈」與「鎖鏈橋」間的多瑙河岸邊有40公尺長的鐵製的共60雙的雕塑鞋子，這些各式各樣的鞋子，有男、女鞋和小孩鞋，有的

成雙，有的形單影隻。這些鞋子從2005年4月16日起，就在多瑙河畔憑弔死於二次世界大戰的猶太亡魂。當時猶太人都是經濟狀況較好，買得起鞋子。納粹在處決猶太人時，就要他們先脫下鞋子，然後再將他們推下多瑙河。創作這個藝術作品的兩位藝術家還曾得到匈牙利最高文化藝術成就的大獎。當時，我為創作者的藝術風範與格局感到敬佩；如今在這裡真實見到被屠殺的猶太人所穿過的鞋子，內心的激盪與憤怒實無法言喻啊！

據說當時很多猶太人誤以為要被送到他們所嚮往的「加拿大」去，所以身上都帶上了最好的家當，裝入最好的皮箱、穿上最好看的衣服和鞋子，還帶了鍋碗瓢盆，這些東西現在在這座紀念納粹大屠殺的國家博物館裡都可見到。其實「加拿大」是集中營裡一間工廠的名字，他們在絕望前都還以為只要努力工作，就可拿回他們的財物，然後被送往他們心目中的「加拿大」。

我突然想起電影《美麗人生》裡那位保護五歲兒子的父親，他扯謊編故事騙兒子說他們正身處一個遊戲當中，必須接受集中營裡種種的安排與規範才能換得分數，只要誰先能得到1,000分就能贏得大獎──一部真的坦克車。在德軍投降的前一晚，父親又編故事玩遊戲要兒子躲到箱子裡，而他則在找尋妻子途中死於納粹守衛的亂槍之下。隔天，美軍抵達，兒子按照與父親的約定才從箱子裡出來，他真的見到了美軍的坦克，認為自己在遊戲中贏得大獎，最後也與母親重逢。

我走在「奧斯威辛集中營」裡，惱中流轉著1993年上映的美國電影《辛德勒的名單》，因為這裡正是其拍攝場景。電影講述德國商人辛德勒原本只是個要賺戰爭財的商人，後來，居然眼見猶太人

被迫害而心生不滿。在猶太人被大屠殺的期間，拯救了很多波蘭的猶太人。辛德勒想方設法，不但花錢賄賂，也偽造文書，將他們召集到工廠裡做工避難，免受殘害或被抓到集中營受苦。

在結束參觀，慢慢走出集中營的這一刻，我想起電影裡的那幾幕——辛德勒火速趕往「奧斯維辛集中營」，用讚石賄賂司令官，請求釋放那些即將走向死亡的婦女；還在緊要關頭搶救了幾個要被扣留的小孩，辛德勒告訴軍官們，他需要那些小孩纖細的手來擦亮砲彈的內側，如果沒有這些小孩，工廠將無法生產。

我的心在「善」與「惡」的衝擊中震撼交疊著；然而，我還是願意相信善良的人性終究是不會被泯滅的。

想像不到的驚人景觀——「維利奇卡鹽礦」

「維利奇卡鹽礦」在1978年被聯合國教科文組織登錄為世界遺產。這是一座從13世紀起就開採的鹽礦，當時波蘭的統治者就已經意識到鹽的重要與價值。16世紀，維利奇卡鹽礦已經成為當時歐洲最為重要的商業之一。

1772年起，波蘭被奧地利統治期間，奧地利引進了新的採礦方法。建成了一座電廠，為鹽礦供電，修通到克拉科夫的鐵路。整個鹽礦區的地下作業也變得更為自動化，懂得使用風鑽、磨鹽機，蒸汽動力起重機也加入開採。1826年到1846年，鹽礦中的鹽水被用作溫泉療養；1950年，鹽礦的一部分被開闢作為博物館對外開放。1996年，鹽礦停產，鹽層已被幾乎挖盡。

旅人們進入礦區後首先要沿著木質的樓梯，一直往下走，感覺

沒有盡頭地往下走，大約有七、八百階，就會到達鹽礦參觀的第一站，在這裡可以見到鹽礦的歷史，後續還可見到工人們採礦時所用的工具，連馬匹也被送到礦區裡幫忙，被送進來的馬匹都得工作到鞠躬盡瘁。

鹽礦的規模有你無法想像的巨大，327米深，超過300公里長。地下共分九層，其中有長達100餘公里的隧道。裡面宛如一座地下城，有鹽作成的雕塑——七個小矮人、哥白尼和教皇的雕像，也有波蘭的傳說故事、聖經場景的壁畫以及地下湖泊等。穿過鹽礦的隧道，可以見到頭頂上和左右兩邊特殊的「鹽壁」和「鹽花」

在這座鹽礦區裡，最特別的是一座目前世界上最深，且仍在使用的教堂——「聖金加教堂」（St. Kinga's Chapel）。

「聖金加教堂」於1896年由礦工雕刻師開始築建，70餘年後，在1963年建成。進入教堂最先令人感到驚豔的是天花板上精美的吊燈，牆壁上刻有浮雕，地板上滿是精細雕刻的花紋，簡直華麗到令人嘖嘖稱奇。教堂內還有祭壇和神像，最顯目的是五、六尺高的聖母像，而其中一幅最特別的浮雕就是模仿達文西的名畫——《最後的晚餐》。

沿著導覽路線最後會走到全世界最深的餐廳以及宴會廳，不管是在這裡坐下來喝一杯咖啡或用餐，都會是難忘的「初體驗」。

「維利奇卡鹽礦」的壯觀，非筆墨形容於萬一，若非親臨現場，絕對難以想像，這是到訪波蘭必遊的景點，會經歷值得而難忘的藝術展覽饗宴。

在二戰倖存的波蘭第二大城「克拉科夫」

克拉科夫，是波蘭的舊都，位於波蘭的東南部、維斯瓦河河畔，有波蘭文化之都的美稱；也因二戰時免於戰火的侵襲，城市保存相當完整，是歐洲中保留古城遺址最好的城市之一。

最熱鬧的地方就是「舊城區」，到處所見的老舊建築，頗有布拉格的感覺，電車穿梭在城市中，大教堂、市政廳、廣場、餐廳和咖啡廳，都造就了「舊城區」於1978年被聯合國教育科學文化組織列入世界文化遺產名錄的成就。

來到這裡一定要走一走「皇家之路」，「皇家之路」是為了加冕典禮遊行、閱兵、以及國王和王子招待外交使節與賓客所安排的途經的著名歷史地標。始於中世紀老城的北端，往南穿越市中心，直到「瓦維爾城堡」，這座舊城堡所在的「瓦維爾山」，沿途的美景與建築目不暇給。

「瓦維爾城堡」，是11-17世紀波蘭皇室的居住地，哥德式建築相當顯眼大器，是波蘭的國家象徵之一。1930年以來，城堡現已改為博物館。是波蘭最頂級的藝術博物館之一。

「瓦維爾主教座堂」這座國家聖殿，是歷代波蘭君主舉行加冕儀式的教堂，也是14世紀以後波蘭歷代君主主要的安葬地點。很特別的是，1946年11月2日，教宗若望保祿二世在教堂的地下室主持了他擔任神父後的第一場彌撒。他在1963年至1978年曾擔任當地的大主教。因此，當地的機場在1995年以其命名。城市裡也有其舊居保存，也成為旅人朝聖之地。

「皇家之路」從防衛塔的「聖福里安門」進入老城。「聖福里安門」是克拉科夫八座中世紀城門中，唯一目前保存迄今的城門。順步而行會走進歐洲最大的集市廣場——中央集市廣場，這個廣場在2005年12月獲選為世界最佳廣場。在廣場的右邊，矗立著聖母聖殿，這座聖殿擁有世界上最大、最古老的哥德式祭壇裝飾；而旁邊的「紡織會館」和「市政廳塔樓」所散發的文藝復興的味道，也將各式青銅雕像與大理石紀念碑襯托得更為「巴洛可」。

古今交融，多樣貌的波蘭首都——華沙

講到波蘭華沙首先想到的就是著名的「華沙公約」，便是在華沙簽署的。華沙混合了歷史和現代的建築風格，反映了動盪的城市和國家。二戰期間，華沙被德國和蘇俄轟炸而夷為平地，戰後大部分的歷史建築被徹底重建，她是個歷盡滄桑的城市。華沙大量投資公共場所，使城市獲得了全新的宮殿、廣場、公園和紀念碑。在首都裡各種大眾運輸四通八達，有軌與無軌的電車、巴士與汽車，展現了欣欣向榮有秩序的城市風光。

在華沙的「舊城區」可以見到華沙人民對老城的忠心，他們在戰爭後用心重建，根據過去的油畫照片，再次一磚一瓦依樣重建，不管是屋子的建築型式、窗戶的造型，甚至是壁畫的圖樣，都努力在模仿保存其「歷史」感，因此，華沙的「舊城區」在1980年被聯合國教科文組織列入世界遺產。

廣場四周色彩繽紛的房子，似乎企圖抹去歷史的悲涼，要在加入歐盟國後，迎接更美好亮麗的未來；尤其廣場上很多當地的小孩

嬉鬧著，還有父母推著嬰兒車帶小孩出門曬太陽，一片欣欣向榮，這是個充滿希望的「年輕」的首都。

在廣場中心最醒目的就屬「美人魚」青銅像了。這座美人魚雕像，建於1855年，比丹麥哥本哈根的早了57年。而且雕像右手舉劍、左手執盾，威武勃發，頗具英雄氣概，有別於哥本哈根的柔美憂鬱。

關於這個「美人魚」的傳說典故有兩個版本，攸關「華沙」（Warszawa）的命名。

有一說是：華爾（Wars）和沙娃（Zawa）結伴乘舟來到華沙開拓家園，當時出海口在波羅的海的「維斯瓦河」，傳說河中有美人魚。而美人魚正是他們的愛情見證人以及庇護者。於是這裡逐漸發展成一座城市。

另一說是：華爾（Wars）和沙娃（Zawa）是兄妹，原本快樂生活在「維斯瓦河」河畔，但自從河裡出現水怪後，經常河水氾濫，百姓生活疾苦。兄妹倆決定合力除掉水怪。就在他們與水怪對決體力不支時，突然有個右手舉劍、左手執盾的美人魚一躍而起，打敗了水怪。

不論是那個版本的傳說由來，後人為了紀念他們，便結合他倆的名字「華」與「沙」作為城市的名稱。同時，還把「美人魚」作為華沙的市徽。

走在華沙大學的校園裡，腳步也有些沉重，這是波蘭最大的高等學府，學校的歷史與歷盡波折跌宕的波蘭歷史，還有首都的歷史緊密難分。

「城堡廣場」是波蘭華沙最美麗的地點之一。它位於皇家城堡

前，位於市中心通往華沙舊城的入口。附近仍有保護舊城和城堡的城牆遺蹟，有些可以追溯到14世紀。廣場上常聚集居民和觀光客，逛街散步、參加集會，看演唱會與街頭表演。1997年，美國總統柯林頓曾在此發表演講，歡迎波蘭加入北約。

「皇家城堡」曾是波蘭君主的駐地，位於城堡廣場上。在歷史上，皇家城堡曾一再受到歐洲多國軍隊的破壞和掠奪。在19世紀到第二次世界大戰，皇家城堡經歷過被沙皇作為行政中心與總統府。廣場上的建築毀於第二次世界大戰，戰後，主要建築才又被重建起來；廣場中間的「西吉斯蒙德圓柱」建於1644年，在華沙起義期間，被德國人拆除，1948到1949年重建。是華沙市最著名的地標之一；「哥特橋」跨越昔日舊城周圍的護城河，橋拱下的房間設有過去的刑具展覽。這些古蹟都構成廣場上美麗的風景。

旅人們可以隨意踱步在古城鵝卵石小巷裡，可能一轉身就在意外中見到滿是童話的「皇家城堡」；或者在「皇家路」上細數歷史；也可以在壯觀的「文化暨科學宮殿」欣賞城市景象。

古印地安人說過：「不要走得太快，要等一等自己的靈魂。」在波蘭，不管大城小鎮都值得旅人們放慢腳步等著靈魂跟上，並與其對話。我們知道沒有一個人是永遠可以留住的，於是，珍惜相處的每一刻；我們也知道沒有一片風景是可以永久封存，因此，更該珍視眼前的這一刻。

重生的力量：走進靜謐又喧鬧的「波羅的海三小國」

  會計畫前往「波羅的海三小國」——立陶宛、愛沙尼亞、拉脫維亞的旅人，通常都是將近遊遍歐洲各國，才會考慮這三個經歷戰亂亡國又重生的歐洲小國；我也不例外，我是為了要完成我的「歐洲拼圖」，才想要去探索這三個小國如煙似海的歷史年華。

  從我認識旅行的那一刻，所有的一切都變得很值得——努力工作、認真生活、用心探索，我認定每一次的出走都是一場華麗的冒險……。

漫遊世界文化遺產：立陶宛「維爾紐斯」（Vilnius）老城區

  立陶宛，是波羅的海三小國中最大的國家。

  維爾紐斯，是立陶宛的首都，其老城區，是北歐現存最大規模的中世紀古城之一。

  相傳在12世紀時，立陶宛的大公來到這裡狩獵，晚上休息時夢見幾隻狼奔上山崗，其中最強壯的一隻狼鬥敗了其他狼隻後，狂聲嚎叫驚動了四方。解夢人說這是好夢，吉兆之象，只要在此地築城，未來將能名揚天下。於是大公就在這個山崗上修築了城堡。

  1994年，維爾紐斯舊城被列入世界文化遺產。舊城包括哥德式、文藝復興式、巴洛克式和新古典主義式等多種風格的建築。其

中維爾紐斯大學的建築群，占了舊城區絕大部分的面積，有著獨特多樣的面貌，每一個轉彎都有意想不到的驚喜。

穿過中古世紀城牆九個城門中唯一僅存的──「黎明門」，從旁邊建築的樓梯可以上到城門，上面有文藝復興時期的「黑面」聖母瑪莉亞像，教徒認為靈驗無比，我沒有任何宗教信仰，但總相信行善致遠，我虔誠地向聖母祈願並隨喜奉獻。

穿越位於舊城最南端的「黎明門」，便進入舊城區。你可以走進舊城區的中心──建於16世紀初的「市政廳廣場」，現已改為藝術博物館，可進入參觀；也可以去拜訪維爾紐斯市第一座東正教教堂──「聖尼古拉斯教堂」；「維爾紐斯教堂」，建於14世紀的舊城建築，在格迪諾米納斯廣場上，是希臘圓柱式風格；還有地標「鐘樓」、「總統府」以及「維爾紐斯大學」的圖書館，設立的年代只比牛津大學晚一年，可以想見其悠久的歷史。

旅行的很多時刻都有我最想留住的幸運，所以，我一定不會錯過拜訪教堂的機會。

建於15世紀的「聖彼得保羅教堂」，由義大利的建築大師所興建，建築風格融合哥德式、文藝復興式、巴洛克式。共超過2,000個精緻的雕刻，內部金碧輝煌。是國家的天主教徒和基督教徒民俗節日的主要場地，立陶宛的王公貴族都埋葬於此。

令我最難忘的是──建於1581年的「聖安娜教堂」，她是名聞世界標準的哥德式建築。由33種不同形狀的磚塊建造而成。據說拿破崙東征時路過此地，被教堂的精美建築所吸引震懾，曾說如果自己是巨人的話，必定用雙手把她捧回巴黎，放在聖母院旁邊。

這些教堂見識了多少浮世清歡，在紅塵陌上帶給人們多大的心

靈的平靜力量啊！

湖光山色：立陶宛特拉凱「水中古堡」

立陶宛古城——特拉凱（Trakai），位於維爾紐斯近郊30公里處的湖區，被五個湖所包圍。有座由親王維陶塔斯建於15世紀初葉的水中古堡。

「特拉凱水中古堡」坐落於嘉域湖的小島上，以橙紅色的磚與石頭建成，由小木橋連接兩岸，是立陶宛境內有名的重要觀光景點，因其為東歐地區唯一一個聳立在島上的城堡。

15世紀時這座古堡曾是立陶宛大公爵的夏季的度假駐所，中古世紀則成為騎士們定期舉行錦標賽的俱樂部。現在湖上有很多遊艇，湖邊有很多餐廳和商店，是歐洲人的度假勝地。

我在商店小街裡的明信片上見到這裡其他三個季節的美景，想像著冬天在這座冰湖上垂釣的樂趣。

希望的泉源：立陶宛「十字架山」

在立陶宛北部城市「希奧利艾」以北12公里處有一個天主教徒相當有名的朝聖地——「十字架山」。

1795年，立陶宛被併入俄羅斯。波蘭人和立陶宛人在1831年和1863年兩次反抗俄國的起義失敗。造反者的家人都找不到他們的屍體，於是開始放置具有象徵意義的十字架。

1918年，第一次世界大戰結束，立陶宛再次宣布獨立。「十字

架山」成為立陶宛人為和平、為國家以及為獨立戰爭期間失去親人祈禱的地方。

　　之後，立陶宛被蘇聯占領後，立陶宛人繼續來到「十字架山」留下十字架，以和平的行動證明他們仍忠於原來的身分、信仰和傳統。

　　在1963年和1973年，蘇聯政府曾三次千辛萬苦搬走新的十字架；甚至威脅要用推土機夷平「十字架山」；也傳言計畫在附近修建一座水壩，這樣「十字架山」就會淹沒在水底。1993年9月7日，天主教教宗若望·保祿二世訪問「十字架山」，宣布這是一個盼望、和平、愛與犧牲的地方。2000年，在「十字架山」附近創建了一座方濟各會修道院。但「十字架山」仍無人管理，人們還是可以隨意自由地安放十字架。有一塊石碑上刻著教宗所說的：「感謝你們，立陶宛人，因為這座十字架山向歐洲國家和全世界見證了這塊土地上人民的信仰。」

　　幾個世紀以來，前來朝聖的天主教徒陸續在這裡安放了大小不一的十字架堆疊於此，巨大的苦像、立陶宛愛國者的雕塑、聖母雕像、小型雕像以及玫瑰經。目前十字架的數量據估計大約有八萬到十萬個。

　　「十字架山」已被聯合國教科文組織於2001年頒布為人類口頭與非物質遺產。

　　親眼目睹其「十字架」的壯觀，讓我更加肯定宗教的力量。

愛沙尼亞的塔林（Tallinn）：歐洲保存中世紀特色最完整的城市之一

塔林，愛沙尼亞的首都，2011年當選歐洲文化之都。

位於愛沙尼亞北海岸，離北方對岸的芬蘭赫爾辛基約80公里。

塔林曾有多次被掠奪進攻和沈痛毀滅的命運多外的歷史，不過老天給了她連連的好運。第二次世界大戰後期，蘇聯空軍對塔林進行密集的轟炸，不過大部分的中世紀老城卻能在戰火中留存，繼續展現其獨有的魅力。

塔林的老城區在1997年時被列入聯合國教科文組織世界遺產。雖到處可見到頹圮的城牆遺跡，但這座老城可曾是繁華過一時，她是中世紀貿易的中心，是一個古老的「漢薩同盟」城鎮。

所謂「漢薩同盟」，「漢薩」（Hansa或Hanse）的德文是「公所」、「會館」的意思，最早是指從荷蘭西北部的海灣——「須德海」到芬蘭、瑞典到挪威的一群商人與一群貿易船隻，所形成的商業、政治聯盟，以德意志北部城市為主。於12世紀中逐漸形成，有漢堡、科隆、不萊梅等大城市的富商和貴族參加，擁有武裝和金庫。14世紀末到15世紀初達到鼎盛，加盟城市最多達到160個。15世紀中葉後，隨著英、俄、荷蘭等國工商業的發展和新航路的開闢轉而衰敗，於1669年解體。如今德國的國家航空公司——漢莎航空（Lufthansa）就是以漢薩同盟命名的。

漫步在這座童話般的中古世紀老城，走在曲折的石板路與鵝卵石路的巷弄裡，偶而轉身見到當地人穿著傳統服飾，或是招攬生

意，或是參加傳統活動，會讓旅人突然以為真穿越到了中古童話世界。

轉進市政廳的西北角一間號稱「全世界最古老的藥局」，一樓門口的「1422」，是藥局創立的年代，至今二樓還在販售藥品，上到二樓正好可以檢視這座有800年歷史的「市政廳廣場」之美。

「胖瑪格麗特堡壘」（Fat Margaret Bastion），是中世紀時期塔林通往港口的出口，當時是作為防禦工事之用，現在作為「海事博物館」，沿路走進去兩旁還存有許多15世紀商人和貴族的房子。著名的「大海岸門」（Great Coast Gate）就在旁邊，是目前僅存的幾個大城門之一。登上高塔還可以遠眺碼頭以及海天一色的「波羅的海」。

塔林還有北歐保存最好的古城以及綿延兩公里的紅磚屋頂古城牆，隨步閒走可駐足想望當時的護城衛兵是如何防衛外來入侵者。

這裡有起伏錯落的紅瓦屋頂，也有繽紛多彩的樓房，你可以與時光對話，找尋歷史的軌跡。眼前的美景目不暇給。從「市政廳廣場」上最古老的公共時鐘——「聖靈教堂大時鐘」，到頗具設計感的店家招牌，甚或連街巷的名字都很特別——鞋匠街、金飾街和藥店街，大多與當時的行業有關，這些都值得細細品味。

如果你能幸運地遇上假日市集，就更能充分感受這座城令人神往的迷人風味了。

塔林距離芬蘭的赫爾辛基僅80公里，有交通船方便往返，只需一個多小時。北歐消費高，假日常有芬蘭人到塔林過週末，喝酒狂歡。

愛沙尼亞的塔林：「座堂山」的上城貴氣

「座堂山」（德語Domberg），是歷史上市政的權力中心，是全城最易防守的所在地。從統治塔林的主教、波羅的海的德國貴族，以至今日愛沙尼亞政府、大使館和官邸都在此地。

在愛沙尼亞還是俄國領土的一部分時，沙皇亞歷山大三世便在「塔林」蓋了這座「亞歷山大・涅夫斯基教堂」（The Alexander Nevsky Cathedral），教堂的興建樹立起俄國對於波羅的海沿岸領土的統治權力之象徵。

「塔林」上城區的「皮克街」是個熱鬧喧騰的大街，中世紀時期許多富商名流居住於此。

「聖奧拉夫教堂」（St. Olav Church）建於13世紀，高159公尺，是城內的地標之一。這座擁有哥德式的尖塔曾是世界上最高的教堂，是很特別的海上行船指標；但曾因其高度而被閃電擊中並燒毀。在經歷數次的大火與重建後的教堂雖僅高124公尺，然卻仍是登高遠望的最佳地點。

這是一座賞心悅目的城市，雖然感覺到很多藝術層次的堆疊，可卻又彼此不衝突，似乎都能聽見每座古蹟在訴說著時代的故事，是很值得迷路的古城，這裡的氣味、聲音和空氣在各個層面都能啟發我。

愛沙尼亞塔林（Tallinn）的「三姊妹屋」與拉脫維亞里加（Riga）的「三兄弟屋」

愛沙尼亞的「塔林」，因逃過二次世界大戰的戰火侵襲，得以保存中世紀的建築，是歐洲北部唯一保持中世紀外貌和格調的城市。

有三幢原本是中世紀商人的住宅，因其連壁式，房子相似但又各具特色，有獨立的山型牆、屋頂、門廊、廚房。煙囪和儲藏室都設計在山形屋頂的部位。後人取名為「三姊妹屋」。

「三姊妹屋」大約是15世紀建造，目前這三棟房子都被改建為旅館，內部有部分打通，中間插著兩面紅色旗子的房子是旅館的大門。

要分辨是否為中世紀的房子，只要觀察當時的房屋正面都設計有一個突出的厚實木桿的支架，是方便垂吊物品，並直接放入儲藏室的「橫梁」。

因為愛沙尼亞有所謂的「三姊妹屋」，而拉脫維亞不願落人後，也找出了三幢哥德式風格的山形牆面相連的三間房子，取名為「三兄弟屋」，是里加年代最久的石造屋。

「三兄弟屋」據說原本是商人居住的房子。三間房子中，最古老的是右邊15世紀的白色建築，其次是中間17世紀重新修建的黃色屋子，最後是左邊最年輕直到18世紀才出現的綠色屋子。這三幢建築呈現了里加不同年代的建築特色。

旅人們在觀賞建築之美時，都該感謝這樣的藝術風格並未消逝在時間的泥流裡。

矗立世界第一棵聖誕樹的琥珀之城：拉脫維亞的「里加」（Riga）

里加，是拉脫維亞的首都，也是波羅的海三小國中最大的城市，位於波羅的海岸邊。里加的歷史中心在1997年被列入世界文化遺產。

走在里加街上，到處可見五官精緻、輪廓深邃的高顏質美女。據說拉脫維亞是當年德軍最早進入，最晚離開的國家，所以造成嚴重的男女失衡。這個號稱全世界美女最多的國家，固定時間都會舉辦「金髮尤物節」。

在里加舊城的「市政廳廣場」上，有塊八角形的圖標，八邊各以八種不同國家的語言寫著「1510年第一棵聖誕樹在里加」，包括中文。明白聲稱著從16世紀起，拉脫維亞就開始用聖誕樹來慶祝新年。據說目前這個圖標的位置正是矗立世界第一棵聖誕樹的所在。

里加有「東方小巴黎」的美譽，14世紀就已建城，如今可見到中古世紀的建築嫻靜地屹立在Daugava河的右岸。

在「市政廳廣場」上，羅蘭騎士雕像身後的就是「黑人頭之屋」，最早建於1334年，是海外年輕單身的商人組織集會所在。

「聖彼得大教堂」，建於13世紀，以紅磚為主的哥德式建築，是舊城中心著名的地標，也是俯瞰里加全城的最佳地點。巴洛克式的鐘樓建於1690年，曾是當時世界上最高的木質教堂鐘樓，鐘樓的尖塔頂端被加裝上風向雞，因此，現今在小商店裡都可看得到「公雞」相關的紀念品。教堂幸運逃過第二次世界大戰的轟炸，所以，

旅人們見到的正是和400年前落成的教堂一樣。

而瑞典殖民時代遺留下的「瑞典門」，建於1689年，原本有25座城門，現在僅剩此座，如今上方也加蓋一棟房子了。

在舊城廣場上的「里加主教座堂」（Dome Cathedral），建於13世紀，曾是波羅的海國家中最大的教堂，最特別的是這座大教堂擁有一台1844年的華麗管風琴，多達6,718根管子，曾是世界上最大木管風琴。大教堂裡美麗的彩繪玻璃，驚豔指數破表。

在舊城區外圍有個「自由廣場」，是人民集會的廣場。廣場上有個高42公尺的「自由紀念碑」，是為了紀念在拉脫維亞獨立戰爭期間陣亡的軍人而興建，是拉脫維亞的自由、獨立和主權的重要象徵。青銅製作象徵自由女神雕像，手上拿著三顆金色的大星星，代表拉脫維亞三個區域。

走在這新舊相接的成長中里加，我願意活在她的時間裡，讓旅行繼續充斥著意外中的美好，也讓我改變看世界的方式。

願望實現吧：到拉脫維亞的里加舊城找「不萊梅樂隊」

里加與德國不萊梅成為友好的姊妹市，所以，不萊梅送了小型的「不萊梅樂隊」給里加當禮物，這個「不萊梅樂隊」就放在舊城中心著名的地標──「聖彼得大教堂」前。

「不萊梅樂隊」源自於《格林童話・不萊梅的城市樂手》，講述了四個動物的故事：一隻被主人遺棄的老「驢子」，在流浪途中遇到了嗓子啞掉的「公雞」、抓不到老鼠的「貓」和無法打獵的老「狗」，牠們都因為年紀太大了，主人要將牠們宰殺，各自成功逃

離後，意外碰到一起。最後牠們決定要到不萊梅組成樂隊，擔任城市樂手，展開新生活。

在前往不萊梅的途中，牠們穿越森林，卻遇上強盜在一座小屋裡點收著他們搶來的不義之財，於是狗跳到驢子背上，貓疊在狗身上，公雞飛到老貓的背上，並且發出驚天地泣鬼神的嘶吼聲，替村民把強盜嚇跑了。

之後，牠們進屋飽餐了一頓，並決定在屋裡過夜。當晚，強盜們回到小屋，其中一個進屋檢查。在一片漆黑的屋子裡，他看到了貓的眼睛正發亮著，他以為是火炭，湊上前想要藉此點亮手中的蠟燭。這時，貓用爪子猛抓他的臉龐，接著驢用腿踢他，而狗則用力咬他，最後雞大聲鳴叫，合力將強盜趕了出去。

逃出去的強盜告訴同夥，有一個巫婆用指甲抓他，還有巨人用棍子打他以及一隻老虎用牙齒咬他，而最可怕的是有一個魔鬼對著他耳朵尖叫。強盜們放棄了小屋，不敢再回去。

滿懷感激的村民收留牠們，所以牠們就在那裡愉快地生活了下去。

雖然牠們最後並沒有抵達不萊梅，但不萊梅居民感念牠們，以其當作「前進」的動力，特別在市政廳旁塑造銅像，歡迎牠們前來，因此，在不萊梅市區的許多角落都能見到「不萊梅樂隊」！

在里加，許多人相信：只要抱住驢的前腿，並且許願，願望將會得到實現，因此在「不萊梅樂隊」雕塑中驢的前腿已經被遊客摸得發亮。

旅人們帶著你的前進的動力來這裡許下心願吧！

拉脫維亞「里加」的新藝術建築群

「里加」的新藝術建築群，超過800棟，是東歐與北歐最多的城市，被聯合國教科文組織認定為是全歐洲同類型建築發展最好、保存得最完整的城市。

19世紀末到20世紀初之間，里加跟隨著巴黎、布魯塞爾的腳步，興起了一股「青年風格」又稱為「新藝術建築風潮」，精美的房子上的裝飾都有其象徵意義。不論是流動的線條、精心雕琢的立面，以及華麗的裝飾──石像鬼、怪獸、花朵、面具、仙女、半人半獸、獅子或者植物，都成為裝飾房子外觀的特色。設計師還運用了不同顏色的磁磚，使得整體設計呈顯出強烈的戲劇張力，提供旅人們各自的不同幻想。

這些建築大多是拉脫維亞國內著名的建築師所設計、建造，據說當時的商人提供給藝術家放手大膽去創作，只要房子具獨特性。這些房子大多集中在Elizabetes和Alberta兩條大街，已經成為旅人必訪的景點。

我認為最特別的一幢在最上方有鏤空的五個窗戶設計，設計師認為最美的顏色是天空的顏色，所以，由天空決定每個人在當時看見的窗戶的「不同」顏色。

我，在這趟在旅行中，有個意外的驚喜，原以為這三個歷盡滄桑的小國會像匈牙利一樣有種說不出的悲涼，但沒料過她們在冷暖交織中也企圖以華麗的姿態盡情地演繹過往的歷史果報，她們不沉浸在過去，不管微笑或流淚都要找到屬於她們的奼紫嫣紅，這三個

有底蘊的國家實實在在對旅人們展現了「重生的力量」。

原載於《今日生活》，2017年9月、12月，第425、426期。

無關風月——就是愛上了「俄羅斯」的風情

　　大學時讀到托爾斯泰《安娜・卡列尼娜》，我見到安娜和佛倫斯基在「聖彼得堡」和「莫斯科」的距離間為狂熱的愛情奔走，致命的戀情也在兩個城市間流動耽溺，那時，也在戀愛中的我便對這兩個城有著莫名的迷戀；我還從杜斯妥也夫斯基《罪與罰》筆下那個走投無路的拉斯柯尼科夫身上，見識了19世紀中葉的俄國，那個動盪不安且貧富不均的社會，最後，斯科尼科夫受到為家人下海賣淫的索妮雅影響，皈依東正教懺悔自己的過錯，當時的我對東正教充滿好奇。

　　我從文學、從電影去認識我想像中的俄羅斯，上個世紀90年代，俄國民眾還在排隊買麵包；2007年，受惠於能源所帶來的經濟成長，人民已經開始排隊買豪宅、名車與精品。擺脫KGB的恐怖印象，俄羅斯成了我計畫中的旅遊國家，只是我的姊妹淘在2004年到俄羅斯旅行時，有幾家飯店的 "morning call" 還是服務生親自去敲房門。我一直在等待最佳造訪俄羅斯的合適時機……，於是，在注定的因緣際遇裡，我在2015年8月拉上行李出發了。

「聖彼得堡」是媲美義大利威尼斯的美麗城市

　　聖彼得堡，現在是俄羅斯第二大城市，歐洲人口最多的非首都

城市，是歐洲主要文化中心之一，也是俄羅斯經濟、學術交通與文化的重鎮。其城市本身以及周邊歷史建築遺跡，在1990年同時被聯合國教科文組織指定為世界文化遺產之一。

首先讓我愛上「聖彼得堡」是她的名字，據說之所以有「聖彼得堡」這麼「歐化」的名字，是當時彼得大帝到歐洲遊歷時受到了荷蘭文化的影響，故而命名。

聖彼得堡本來是瑞典接近芬蘭灣出海口的沼澤地，彼得一世從瑞典人手中奪得的領土後，從無到有，填海造地，成為俄羅斯面對西歐的港都。這個在1703年建立起來的全新的城市，曾經作為俄國沙皇首都達兩個世紀之久。俄國大文豪普希金曾稱讚「聖彼得堡」是「面向西方的窗口」。現今是俄羅斯在波羅的海的重要港口。

聖彼得堡位為大涅瓦河和小涅瓦河匯聚的三角洲地帶。凱薩琳大帝在位期間，為了疏緩芬蘭灣的海水倒灌，在聖彼得堡開鑿了很多的人工運河，且修築橋樑。這些運河在市區內縱橫交錯，因此，聖彼得堡贏得了媲美義大利威尼斯的美名，整座城市充滿浪漫的水鄉風情。

二次世界大戰期間，列寧格勒曾被德軍封鎖長達872天，「聖彼得堡」仍堅守不投降，在這場「列寧格勒保衛戰」中成為了現代歷史上時間最長、破壞最嚴重、傷亡人數最多的圍城戰之一。所以，聖彼得堡成為俄羅斯的英雄城市之一。1985年，在「起義廣場」樹立起「英雄城市紀念碑」。如今，聖彼得堡的街頭，留下了很多戰爭時期的重要歷史遺跡。因此，搭船遊涅瓦河，是一定要的，才能欣賞兩岸的遺跡、建築與景緻，更能感受聖彼得堡的獨特之美。（編按：聖彼得堡在一次大戰期間因去日耳曼化運動而被改

名為彼得格勒，1924年列寧逝世以後更名為列寧格勒，1991年又在過半市民的支持下恢復舊名聖彼得堡。）

聖彼得堡由42個島嶼所組成，共有423座橋樑，其中有21座橋樑，在凌晨1點到5點之間打開，讓大型遠洋巨輪得以順利通過。旅人們可以安排一個晚上享受一下當地人的夜生活，小酌伏特加酒，接著半夜散步到「宮殿橋」欣賞橋樑從中間緩緩打開、升起，讓巨輪得以順利通過，再等著橋樑閉合，放車子通行，相信在一邊欣賞聖彼得堡夜色的同時，看著橋樑開閉，也是一個難忘的體驗。

俄羅斯的「凡爾賽宮」：聖彼得堡的「彼得夏宮」（Peter the Great's Summer Palace）

18世紀初，彼得大帝受到南方法國的影響，努力要走出身處北方不毛之地的限制，他模仿法國的「凡爾賽宮」，就在距離聖彼得堡市區29公里的「波羅的海」邊，建造了一座風格、形式相似，佔地近千公頃的「彼得夏宮」，成為歷代沙皇避暑的郊外離宮。

豪華壯麗的「彼得夏宮」內部裝飾華貴，除了彼得大帝生前每年夏天必來此度假外，當時許多宮廷慶典、大型舞會與活動也都在此舉行。

「夏宮大殿」是彼得夏宮建築群的中心，宮殿長度大約300公尺，天花板巨幅的壁畫、燈飾、家具、地板、裝潢飾物以及藝術品搭配得美輪美奐。宮殿內外的裝飾具有洛可可、巴洛克以及古典主義風格，既典雅富麗又隆重奢華，映襯了歷史和裝飾藝術不同的發展階段。

　　這座雙層的宮殿，當年彼得大帝住在一樓，他的第二個妻子凱薩琳一世住在二樓。第二層樓的裝飾也是極盡華麗之能事，舞廳的圓柱間，都以威尼斯的鏡子作裝飾，充分營造了迷離夢幻的氛圍。

　　布置成充滿東方情趣的「中國廳」，內有中國漆屏風和各式家具。足見當時俄國與中國間的文化交流。

　　「下花園」在大宮殿前，擁有獨特的布局，共有200多個噴泉、2,000多個噴水杜，彷彿讓我感覺重遊了「凡爾賽宮」，金光閃爍的人工石雕，最為耀眼。大瀑布分左右兩邊，從七層台階奔流而下。最下面是一個半圓形的水池，激越的泉水從獅子口中噴涌而出的泉水，熱鬧滾滾，泉水沿著花園流向幾百公尺外的芬蘭灣。

　　「下花園」的大瀑布噴泉群有37座金色雕像、29座淺浮雕、150個小雕像、64個小噴泉以及兩座梯形瀑布。栩栩如生的雕像在燦爛的陽光照耀下顯得更為動人。

　　沿著夏宮「下花園」筆直的林蔭大道信步而走，經過橋樑，信步而走便能走到碼頭，眼前所見便是「波羅的海」。清風徐來，眼前海天一色，此時此刻，我和昔日的沙皇們可是有著相同的享受啊！

「冬宮」（Winter Palace）：世界四大博物館之一——「隱士廬博物館」

　　巴洛克風格的「冬宮」，原是沙皇的宮殿。

　　在「冬宮」前面的「冬宮廣場」是聖彼得堡的主要廣場，有其令人震撼的氣魄和規模；廣場上的「亞歷山大柱」是以沙皇亞歷山

大一世命名，是為了紀念打敗拿破崙而豎立。「亞歷山大柱」的頂尖上是一個手持十字架的天使，天使雙腳踩著一條蛇，是戰勝敵人的象徵。這座高47.5米的紀念碑用整塊花崗石製成，不用任何支撐，只靠其重量屹立在基石上。

1754年至1762年間，伊莉莎白女皇開始了「冬宮」的建造；到了凱薩琳大帝在位期間，於1764年接受了柏林的富商戈茲克斯基（Gotzkowski）送給她的225件歐洲名畫後，就決定在「冬宮」旁邊建造一座屬於她的收藏庫，專門收藏她的名畫、珍寶與瓷器等，於是「小隱士廬」（Small Hermitage）就這樣建造起來了，這便是「隱士廬博物館」的起源。接著，先後又建造了「大隱士廬」（Great Hermitage）以及「隱士廬劇場」（Hermitage Theatre），用以收藏她多年所累積的藝術品。

1825年，尼古拉一世上任後，也為了收納更多的藝術品，又增建了「新隱士廬」（New Hermitage）；而在1852年，「新隱士廬」終於開放給民眾參觀。

到了尼古拉二世於1917年宣布退位同時，「冬宮」結束了過去的皇室身分才和「隱士廬」正式歸為國家博物館，展開了她平易近人的任務。

我們目前所見面積廣闊的「隱士廬博物館」正是由「冬宮」、「小隱士廬」、「大隱士廬」、「新隱士廬」以及「隱士廬劇場」五座建築所組成。「隱士廬博物館」之所以夠資格與倫敦的「大英博物館」、紐約的「大都會博物館」以及巴黎的「羅浮宮」列為世界四大博物館之一，是因為在這裡可以欣賞到從千年前的考古出土文物到二次世界大戰後的前衛藝術，高達300多萬件的世界藝術館

藏；開放的展示走廊總長度為22公里；房間數量超過1,000間，開放成為展廳的約近400間。

據說聖彼得堡於1940至1943年被德軍圍困時，「冬宮」受到很大的破壞，但館藏的藝術珍品卻在市民的合力保護下，得到了妥善的留存。歲月留下了年輪的印記與風霜，但無價的藝術卻在流轉的光年中越陳越香。

讓我印象最深刻的是最早設立的展館 「西歐藝術館」，主要是文藝復興時期的繪畫、素描、雕塑。在這裡可以同時欣賞三大藝術家的作品，實屬難得——達文西〈餵奶的聖母〉和〈持花的聖母〉；拉斐爾的圓形木板〈康尼斯達比勒聖母〉以及米開朗基羅〈蜷縮成一團的小男孩〉的雕塑。

我記得在法國「羅浮宮」欣賞著被人群緊緊包圍的〈蒙娜麗莎的微笑〉，當時和達文西筆下的「微笑」好遙遠，但如今卻和他的「聖母」好親近，可以輕易從他的筆法感受到聖母的靜謐安詳。

「隱士廬博物館」共有30萬件文物，就算一件看一分鐘，也要15年才能欣賞完畢，由此便可想見館藏的豐富。

在「凱薩琳宮」揣想掌控政權與情慾的凱薩琳大帝

「凱薩琳宮」位於聖彼得堡近郊的「普希金鎮」上，是凱薩琳大帝避暑的「夏宮」，外垣是簡約的白與藍，宮裡則是金碧輝煌。

「凱薩琳宮」，原是彼得大帝要送給妻子凱薩琳一世的夏日宮殿，但卻是在1744年由女皇伊莉莎白而擴建，為的是要回報她的母親。她的母親凱薩琳一世是彼得大帝的二老婆，在激烈的宮廷角力

中，凱薩琳皇妃運用其人脈與算計，幫女兒伊莉莎白奪得了皇位。因此，伊莉莎白將這座「凱薩琳宮」整建得富麗堂皇，可比凡爾賽宮。

然而，後代幾乎都將「凱薩琳宮」和凱薩琳二世（凱薩琳大帝）連在一起。

凱薩琳大帝是俄國的女沙皇，在位34年（1762-1796年），傑出顯赫的政績在俄國史上常與彼得大帝並駕齊驅，又因其宮庭情史更勝唐朝女皇「武則天」，她曾擁有82個男寵，最後一個情人比她整整小了40歲，成了相當傳奇的女沙皇。

她原是德國北部小邦的公主，於1744年因政治聯姻嫁給女皇伊莉莎白的侄子彼得三世。然彼得三世卻因無法人道，讓凱薩琳除了放縱情慾，也蠢蠢欲動尋覓發動宮廷政變的良機。凱薩琳在丈夫即位一年後，成功奪取皇位，囚禁了他。幾天後，彼得三世神祕死亡。

凱薩琳自立為沙皇後，延續彼得大帝的西化政策，建立了人類歷史上空前絕後的橫跨歐、亞、美三海的龐大帝國。在她讓波蘭消失以及土耳其迅速衰落的同時，俄國強大了起來，她以其卓越的統治力量帶領俄國進逼近歐洲心臟地帶。

她引進西方的思想、文化、藝術、音樂，或許正因為她早年讀過許多西歐啟蒙思想家的作品，她慷慨支持並資助哲學家和藝術家，鼓勵國內文人雅士出版創作，她在即位後和被尊為「法蘭西思想之父」的伏爾泰有密切的書信聯繫，並深受其影響，於是反對愚昧和落後的她興辦各類學校，提倡文學創作。這些決策造就了人文藝術氣息相當濃厚的「聖彼得堡」，成為一座「文青」之城。

　　「凱薩琳宮」的宮殿主色是天藍色，搭配白玉般的窗櫺，相當特別。而是最特別的300米長的黃金走廊，連接了宮內各個房間。這些房間裡陳列了具有歷史意義的家具，還有華麗而精緻的壁畫，展現了歷代沙皇的皇族貴氣，每個廳的天花板都具有其個性，很多的溫柔都藏在了細節裡。

　　剛要進入「凱薩琳宮」時，突然下起了雨；但進入宮殿參觀後，經過一扇窗見到一縷和暖的陽光出現了，天氣又放晴了。難怪當地人說：「聖彼得堡的天氣變化快，像女人的臉，也像男人的心。」真有意思啊！凱薩琳大帝在紛擾的世俗中，以其華麗的姿態盡情演繹了她所歡愛的人生，想必她同時擁有女人變幻無常的「臉」與男人善戰多變的「心」。

　　我在屬於凱薩琳大帝的宮殿裡，想像著她不僅在政治上要扭轉這個30多年以男性為主的世界，她還要像男人一樣可以自主自己的情慾，她毫無保留地展現她的浪漫多情，等待著一場又一場奼紫嫣紅的花事。至於後代的史學家是如何評價她，已經不是在當下充分享受性愛的她所要考慮的了。

　　我在屬於凱薩琳大帝的宮殿裡，彷彿還能聽見狂歡的心跳，我遙想凱薩琳大帝在她的「宴會廳」招待外賓使節；在她的「跳舞廳」飲酒狂歡、歌舞昇平；在她的「書房」寫著給情人們濃情密意的情書，熱烈燃燒著她的愛慾；在她的「寢宮」裡「面試」她的面首或者在魚水的歡愛中展現女人的嫵媚；我想像著她在風塵起落的宮殿裡，在她無窮的慾望裡，獨自狂喜、暗自落淚……。

俄國最偉大的詩人──普希金

位在聖彼得堡約14公里的近郊，有個原名為「沙皇村」的皇室度假勝地，但於1937年，為了紀念普希金而改名「普希金鎮」，因為普希金曾於此度過中學六年，這裡是他最重要的靈感發源之處，對他意義重大。

俄羅斯人對普希金的重視與崇敬，還可以從聖彼得堡和莫斯科的地鐵站都有以「普希金」命名見得；還可以在普希金逝世100年後，聖彼得堡莫伊卡街12號的「普希金故居博物館」重現當年普希金的書房與住所見得。

俄羅斯著名的思想評論家別林斯基說：「只有從普希金起，才開始有了俄羅斯文學，因為在他的詩歌裡跳動著俄羅斯生活的脈搏。」

普希金像屈原一樣寫了諷刺詩嘲諷權貴而被流放，直到1826年被沙皇尼古拉一世接見後才允許回到莫斯科和聖彼得堡居住。但那段時間他的作品和生活都受到監視，可以想見其不得自由的痛苦。之後，他在舞會上認識有「莫斯科第一美女」之稱的16歲的娜塔麗婭，他為她神魂顛倒，熱烈追求並於第二次求婚，娜塔麗婭才答應。普希金如願娶了娜塔麗婭，滿足了他的虛榮心，他驕傲地憑藉著他天才詩人的名聲，將美貌的妻子引薦給沙皇、皇后和達官顯貴，將她帶進聖彼得堡的上流交際圈，卻沒料到其實他是要付出代價的，第一：他倆沒有共同語言、無法對話，娜塔麗婭對普希金的詩毫無興趣，每次，普希金朗誦作品給她聽時，她就大喊：「普希

金，你的詩我已經聽膩了。」第二：娜塔麗婭喜歡交際玩樂、不關心也無過問小孩的生活與教育，且上流社會的生活加重了普希金的經濟負擔，他只能靠借貸度日以滿足並維持體面的婚姻生活。

娜塔麗婭的美貌與交際在俄國宮廷受到歡迎，沙皇特別允許普希金在檔案局研究文獻，方便撰寫《彼得大帝史》，但其實那段時間普希金承受著很大的精神壓力。他在給好友納肖金的信中寫著：「對生活的操心使我沒時間感到寂寞，我已經沒有單身漢時的自由自在地用來寫作的時間了。我的妻子非常時髦，這一切都需要錢。而錢我只能通過寫作來獲得。而寫作需要幽靜，單獨一人……」由此可見其悲催。

隨著娜達麗婭的魅力光環越來越超越普希金的聲譽，她不顧普希金的顏面，放肆地接受男人獻上的慇勤與追求，尤其是荷蘭公使的義子──法國流亡保皇黨人喬治・丹特斯，戀情還持續了兩年多。

1836年，普希金收到了一個紙袋，裡面有一張證書，證書上面寫著普希金是綠帽子最高勳章獲得者。隔天，普希金便成了上流社會談論的笑話。普希金為了捍衛自己的尊嚴和妻子的榮譽，決定向丹特斯發出挑戰書。荷蘭公使也覺得義子太過分，為了給普希金台階下，以挽回他的榮譽，特別安排丹特斯娶了娜達麗婭的姐姐以平息謠言。然而娜達麗婭那個不漂亮又大丹特斯六歲的姐姐，當然無法讓丹特斯在婚姻中安定下來，丹特斯反而利用「姐夫」的合法身分更有機會和娜達麗婭約會；而沉溺在戀愛中的娜達麗婭也不顧普希金禁止她去參加任何活動的命令，她毫無顧忌地我行我素。終於普希金再次發出跟丹特斯決鬥的挑戰書。決鬥結果普希金的腹部受重傷，兩天後就過世了，過世前他原諒了妻子和丹特斯。當天的報

紙標題是：「俄羅斯詩歌的太陽殞落了」。

　　普希金對他自己的文學成就是相當自信的，他在1836年詩作〈紀念碑〉中寫著：「我給自己建起了一座非手造的紀念碑，……整個偉大的俄羅斯都會聽到我的傳聞，各種各樣的語言都會呼喚我的姓名，……我將長時期地受到人民的尊敬和愛戴……」這麼自豪的人，卻敗給了愛情……。

＊

　　法國的音樂家貝科到莫斯科演出時，結識並愛上了俄國女學生娜達利，熱戀中的他為娜達利寫了一首歌，歌詞裡提到了「普希金咖啡館」，後來很多人開始找尋這家根本不存在的咖啡館。

　　德洛斯是俄羅斯餐飲界的名人，擁有24家各式不同特色餐廳，「杜蘭朵餐廳」便是其中之一。當時他腦筋動得快，抓準商機，在普希金誕辰200年時設立了這間「普希金咖啡館」以茲紀念。

　　這段異國戀情，相當唯美，可是對照普希金的婚姻，卻是相當諷刺啊！普希金在〈我曾經愛過你〉：「我曾經沉默地、毫無希望地愛過你。我既忍受著羞怯，又忍受著嫉妒的折磨。我曾經那樣真誠那樣溫柔地愛過你，願上帝賜給你的也像我一樣堅貞如鐵。」一字一句寫出了愛情帶給他的灼熱的痛楚。

　　除了這家「普希金咖啡館」，旅人們或可到涅瓦大街附近的「文學咖啡館」，喝杯咖啡，憑弔一下這位為愛癡狂的詩人。這裡曾是普希金和他的文學家朋友們聚會之所，咖啡館現在仍保持著19世紀典雅的裝飾，據說普希金當時前往決鬥的路上，還在這家咖啡館裡短暫休息……。

「號稱全球造價最貴的餐廳」：俄羅斯莫斯科的「杜蘭朵餐廳」（Turandot restaurant）

「杜蘭朵餐廳」（Turandot restaurant）是俄羅斯富豪德洛斯（Andrei Dellos）耗資15億台幣，耗時六年半精心打造。德洛斯曾向媒體表示：「要做就要做世界第一，杜蘭朵要成為全世界最豪華的餐廳。」可以想見杜蘭朵餐廳是多麼地獨特了。旅人到了莫斯科若錯過了，可是一生的遺憾啊！因為連俄國歷任總統戈巴契夫、葉爾欽、以及普丁可都曾親自造訪呢！

餐廳於2005年12月開幕於莫斯科中心普希金廣場旁的街道上——Tverskoy大道26/5號。美國《紐約時報》曾這樣介紹過杜蘭朵：「用餐時間門口停的不是保時捷，就是賓特利（Bentley）、賓士（Mercedes-Benz）。」想要體驗俄羅斯上流社會的奢華，就一定得來杜蘭朵餐廳用餐。

我來到期待中的「杜蘭朵」，原以為會像「夏宮餐廳」，在門口就被其奢華震懾；然而，「杜蘭朵」的外觀是19世紀的老建築形式，低調平凡到令你懷疑這真是「號稱全球造價最貴的餐廳」？

兩層樓平房僅裝飾著兩扇淡藍色玻璃窗，餐廳門口站著兩名服務生，毫無特殊之處；然而，一旦木質大門被推開，走進大門，柳暗花明又一村，所有人必然被眼前的「落差」所震撼。挑高的大廳將長形義大利式風格的庭園襯托得更為大器，寬闊的大廳四周矗立著大理石廊柱，穿越中庭，三尊希臘的藝術雕像藉由上方玻璃天花板引進的自然光線，將其肌肉線條的力與美展現得更適得其所。

　　穿著古代歐洲宮廷服飾的服務生引導客人進入用餐區。進入餐廳後，首先見到十幾張圓桌擺在餐廳中，高檔的磁器餐盤、閃亮的刀叉與透明的玻璃杯已在餐桌上迎接客人。往餐廳裡面走，隨著各式各樣目不暇給的金光閃閃的擺設，瞠目結舌的同時抬頭見到藍色圓拱的屋頂、大型的水晶華麗大吊燈，以及天花板精緻高雅的壁畫，再將視線往下走，金碧輝煌的雕刻、手工繪製的中國風格壁畫、八個獨特的壁爐、晶瑩剔透的玉器打造的樹木以及鍍金的枝葉、一架大鋼琴在正中央頗為搶眼，整個浪漫的情調就像是來到了18世紀巴洛克宮廷餐廳。

　　我彷彿見到了21歲時拜訪法國凡爾賽宮的自己；也可想見德洛斯在建造這座餐廳時，企圖想要重現18世紀俄羅斯皇室貴族，最為迷戀法國文化以及呈現東方文化傳入歐洲的時代情景與氛圍。

　　唯一跳脫18世紀裝潢風格的是大廳中央充滿現代感的吧台，雕花玻璃櫃上一瓶又一瓶的高檔名酒，在金亮的燈光打造下，顯得更高不可攀。布滿眼簾的還有法國古董掛毯、英式掛鐘、威尼斯的古董鏡子以及德國精緻瓷器，內部極盡奢華的設計，令人眼花撩亂。

　　杜蘭朵餐廳像一個大鳥籠，是個大約150坪環狀圓體結構。在一樓用餐的客人可掀開低垂的紅絨帷幔，順著樓梯走上二樓拍照參觀。

　　在通往二樓的樓梯間的牆面凹處有兩座玉刻藝術品，一座是留著八字鬍的光頭韃靼人半身雕像，一座是阿拉伯人全身雕像。此時，我彷彿聽到了〈公主徹夜未眠〉在耳際響起，還有普契尼（Giacomo Puccini）的歌劇《杜蘭朵公主》——韃靼王子以真愛融化了杜蘭朵公主冰封冷漠的心——浮上腦海。杜蘭朵公主最後嫁給

韃靼王子，但她並未隱匿王子的真名，反而公告其名為「愛」。我設想著德洛斯在為其餐廳命名時，是否正取其《杜蘭朵公主》的「愛」的主題，想必這家餐廳注入了他傾其所有的「愛」。

　　沿著樓梯上到二樓，第一個令我感到特別的是，環繞著扶欄的獨立區包廂，這是個有著遺世獨立又可見其熱鬧非凡的「優雅」座位。二樓的中央鑿空成圓環狀，所有的座位便緣著圓環狀而設，晶亮潔白的義大利水晶吊燈由天花板垂落，每個座位的各人都能從不同的角度見識其不同凡響的宮殿氣勢，上自彩繪著藍色天空的圓形穹頂，下至精雕細琢的浮雕牆面，耀眼奪目，滿是藝術。二樓有其特殊的幽靜、幾個大型的包廂廳室自成一個獨立的隱密的空間，格局高貴，雕樑畫棟的細節用心，盛名遠播。

　　一間能讓人豎起大拇指的優質餐廳，洗手間也是評量的標準之一。從一樓的雕花木門進入，首先見到的是男廁，女廁則要經過一條狹長的小走廊。推開門，便可想像在18世紀的法國宮廷是吹著怎麼樣的「中國風」，從洗手檯、壁面、鏡框，到馬桶、抽水水缸、馬桶刷座，都是一系列的藍白色調的青花瓷與磁磚圖案。

　　杜蘭朵餐廳除了提供米其林三星級法式餐點外，也有亞洲和歐式料理。我們的第一道菜是現烤的兩種法式小麵包搭配圓球小奶油，接著是法式沙拉，除了新鮮蔬菜，還有柚子、石榴和脆餅；再來是蘑菇清湯，服務生會到桌邊一一詢問要不要加一球「酸奶油」？這是俄國菜加在湯裡的傳統吃法，酸酸淡淡的奶油香還挺特別的；主餐是烤羊排；甜點是冰淇淋；最後可以選擇要咖啡，還是茶。這就是完整的歐式套餐。

　　華麗裝潢與美食佳餚，在如此高貴的杜蘭朵餐廳用餐，必定會

是一生難得的享受，難怪會吸引各國政商名流光臨，也成為當地新人拍攝結婚照的首選地點。

杜蘭朵餐廳，實至名歸。

一生必要的娛樂體驗：「俄羅斯國家大馬戲團」

除了美食饗宴，成立於1880年的俄羅斯莫斯科大馬戲團，其表演歷史源遠流長也是不能錯過的。至今已有135年的歷史，是世界馬戲發展史上最早的馬戲團之一。

總部和戲院都坐落在莫斯科市中心的花園大街上，所以，人們都稱莫斯科大馬戲團為「花園街馬戲團」或「花園馬戲團」。

從18世紀起，每一位沙皇都有自己專屬的皇家馬戲表演者。

20世紀50年代，俄羅斯政府組建了當時最高表演水準與世界規模最大的「俄羅斯國家大馬戲團」，其中成員都是著名傳統表演世家的知名人物。

我們非常幸運，當晚正好遇上一場比賽的活動，一樓前排擔任評審的座上賓應該都是名人吧！一出場便掌聲雷動；而參賽者來自各國的個人或團體，有高難度的滑稽雜技、默劇、小丑和魔術特技表演等，現場有各家媒體實況轉播，表演過程不得攝影和錄影。表演編排緊湊，都讓人掌聲連連。

中場休息時間，也不會無聊，場外二樓有販賣部，一樓還有訓獸師看管著的獅子或老虎可以和觀眾付費合照。

下半場由「俄羅斯國家大馬戲團」登場，重頭戲是大馬戲團最擅長馴演的大型猛獸——獅子和老虎的表演，整個表演過程令人目

不轉睛。

　　華麗的燈光舞臺以及現場樂隊的專業演奏，也都是讓「俄羅斯國家大馬戲團」贏得精彩絕倫的美譽的大功臣。到莫斯科絕對不能錯過這樣難得的娛樂。

莫斯科的地下鐵：富麗堂皇的「地下天堂」

　　莫斯科的地鐵雖非最「早」的——世界上第一條地鐵是英國倫敦在1863年建成的，在莫斯科建造地鐵之前，紐約、芝加哥、巴黎、柏林、維也納、東京都已建成地鐵——但莫斯科的地鐵卻是最「優」的，「優」到成為觀光客必訪的景點之一。其極盡富麗堂皇的程度，若非親眼所見，很難相信有這樣的「地下天堂」。

　　莫斯科的地鐵站，每站均用心裝飾，各具特色，有以擁有巴洛克式的裝潢、具歷史意義的馬賽克拼圖樣和吊燈垂掛的天花板著稱的「共青團地鐵站」——Komsomolskaya；有以義大利雕刻及大理石裝飾的「羅馬地鐵站」——Rimskaya；有以有色玻璃為主要特色，是拉脫維雅首都里加名匠製作的「新鎮地鐵站」——Novoslobodskaya。

　　世界上首屈一指的大氣磅礡「莫斯科地下鐵」，應可算是前蘇聯政府留給莫斯科最大的禮物了。

　　莫斯科的地鐵讓地下鐵不只是普通的交通設施，而是讓來往的乘客，不管是趕路的匆匆一瞥或是有時間駐足停留的乘客，都能在建築、雕刻、鑄模和馬賽克拼花中，享受藝術的饗宴。

　　當時前蘇聯不計成本的建設地鐵站，史達林還指示，要讓地鐵成為勞動人民的輝煌宮殿，所以，大量與最著名的藝術家和建築師

都被徵調參與地鐵的建設和設計。

　　每座車站大多根據地鐵站的命名去建設和設計，其形式、佈局和風格都不盡相同——「斯摩棱斯克」站的圓柱式大廳、「索科爾」站的蒼穹頂、「普希金」站特具文青的聖潔格調、「白俄羅斯」站有英雄群雕、「諾沃斯洛波德」站的壁畫走的是民族風，還有最熱鬧的「基輔」站以「十月革命」為主題的巨型壁畫、巨大的拱門大廳、拱門式通道，以及被譽為「20世紀建築藝術精品」的「馬雅可夫斯基」站。這些車站都體現了各自的獨特，可見當時藝術家們投入的心血。

　　莫斯科地鐵在第二次世界大戰中，發揮了相當大的作戰功用——軍總參謀部遷入「白俄羅斯」站工作，在那裡建立了中央指揮所和通信樞紐部；另外，也是莫斯科市民堅實的避彈居所，無論是否有警報，市民每晚都會到地鐵去過夜。

　　不難想像現在旅人們所見到的大理石、花崗石、陶瓷和彩色玻璃鑲嵌著五顏六色的壁畫、石柱拱廊裝飾著木、石、銅雕和鋼板畫以及華麗的吊燈、壁燈所照耀著各種造型的浮雕，在當時是以怎樣的藝術力量無言地撫慰著避難市民的心。

　　往地下車站的手扶梯氣勢驚人，長達近一百公尺，也算是偉大工程奇蹟之一；而地鐵站裡的手扶梯，速度也是很快的，一定要有心理準備，小心站穩，而且深度很深，算是特別的體驗。

　　此外，還得特別留意扒手，車廂內、車站裡，上下車人潮擁擠時都要格外留意自己的隨身物品。我們在車廂內緊盯著身邊的人，旅伴們彼此提醒，事後的結論是：「怎麼每個看起來都很可疑？」；「也許對方也提防著我們是不是賊？」

我們搭著地鐵在幾個特別的站駐足拍照留念,收集著旅人在這裡留下的溫度⋯⋯。

走出地鐵往下一個景點,當我正愉快地和旅伴聊天時,一轉頭眼神正好和一個女子對視,人的眼神最難以騙人,那是一雙心虛的眼,於此同時我正好看到她的手正準備深進她前面的人的斜背包裡,我嚇到大喊一聲,沒想到真的遇到扒手了。縮回手的扒手若無其事往前走。我立刻走過去提醒那個差點被扒的人,她一檢查才發現她的包包被割開了,但還好錢包還在。那個扒手和其他同伴會合,看起來是吉普賽人,她們惡狠狠回頭怒視我破壞了她們的好事。

這是我第一次親眼目睹扒手偷竊的經過,也算是大開眼界了。

世界文化遺產──莫斯科「紅場」與「克里姆林宮」

「紅場」,原來的舊名是 "Pozhar" 意為「燒光的地方」,因其於1571年,莫斯科的一場大火把建築都燒光了;1662年改名為「紅」場,古俄語裡 "krasnaya" 是「紅色」、「主要」還有「美麗」的意思。所以,位於莫斯科市區的「紅場」就是美麗的廣場。就算你只是透過圖片、影像也能感受其壯觀之美。

臨莫斯科河的「紅場」曾被作為俄羅斯帝國沙皇的加冕之地與官方的典禮;蘇聯時期,常有大型軍隊在此舉行巡遊。

「紅場」,曾於「拿破崙戰爭」中毀於莫斯科的戰火,當地的人民於1812年之後擴建。到20世紀20年代,又與附近的「瓦西列夫斯基廣場」合併成現在的規模。

在「紅場」的東側是具有典型的俄羅斯建築風格的GUM「吉姆百貨公司」，這是一間建於1892年的國家百貨公司，與「紅場」的建築群互相映襯。是歐洲規模最大的商場之一，也是全俄羅斯最大的商場。一進去便被典雅明亮又氣派的氛圍所吸引。商場有三層樓建築，可容納一千間商店。第三層最是特別壯觀，400米長的弧形透明玻璃和鐵建造的大穹頂，風華絕代的大器完全顯露。

高不可攀的名牌舶來品，來自世界各地，款式都是最新的，消費的客層都是莫斯科新崛起的富翁。我單單欣賞整個購物環境就很值得，大理石地板、半圓形的拱門、室內噴泉以及精緻的裝潢，令人留連忘返。

「紅場」的西側就是「世界五大宮」之一的「克里姆林宮」了，足以和美國「白宮」、英國「白金漢宮」、法國「凡爾賽宮」以及中國「故宮」並駕齊驅。她是俄羅斯「克里姆林式」建築的代表作，四周由宮牆圍著四座宮殿、四座大教堂以及19座塔樓而組成。

俄羅斯的政治中心在「克里姆林宮」，是中古世紀歷代帝王的宮殿，目前是俄羅斯總統府與聯邦政府行政總部位所在地。

廣場上的「伊凡大帝鐘樓」在伊凡大帝（伊凡四世）時期是莫斯科最高的建築，也是當時權力的象徵。這座鐘樓所以能在戰爭中被保留下來，其實有個神奇的經歷。拿破崙帶領法國軍隊攻進克里姆林宮時，曾在「伊凡大帝鐘樓」栓過戰馬；之後，拿破崙撤退時，在此埋過炸藥要摧毀鐘樓，但炸彈並未全部爆炸，而留下了18個鐘，鐘樓很意外地受到神蹟給保留了下來。1992年，修復完成並恢復教堂的功能。

　　有人說東正教教堂的「洋蔥頭」，也像「燭火」，可將祈求所願直接傳達給上帝。那麼是否在擁有十幾個洋蔥頭圓頂，熱鬧非凡的「聖母升天大教堂」祈禱，會更容易讓上帝聽見呢？

　　「聖母升天大教堂」可說是集所有教堂之大成，教堂裡的牆壁和屋頂有很多彩色浮雕壁畫以及共畫了大約一千個聖人的聖像畫；精緻的「伊凡四世寶座」木雕，上面有很多美麗的裝飾；為了慶祝奪回被拿破崙軍隊掠奪走的300公斤黃金和五噸白銀，於是有了具有紀念意義的「銀製吊燈」，都是相當特別的藝術品，值得細細咀嚼。

　　在廣場上還可以看到從來沒有正式發射過，但卻是世界上目前最大的古代鐵砲，被稱為「砲王」；還有重達200噸的超大「鐘王」，都是格外引人注目的。

　　「紅場」的南邊則是世界最美麗的建築之一──「聖瓦西里大教堂」。

　　「伊凡四世」是俄羅斯歷史上首位沙皇，由於三歲喪父、八歲喪母，從小便孤苦無依被操控，在宮廷的爭權奪利中長大，養成他冷酷多疑的無情性格，也造就他日後實行殘暴統治的因子。歷史上稱他為「伊凡雷帝」，也被稱為「恐怖的伊凡」。

　　「伊凡四世」發動了對喀山汗國的遠征，取得了一系列重大勝利，為了慶祝勝利，便下令修建教堂，於1555年動工。每個圓頂代表一次偉大勝利。這些圓頂以有名的聖徒命名，其中最著名的就是預言伊凡四世將殺死自己的長子伊萬的「聖瓦西里」，因此，人們就稱整座教堂為「聖瓦西里大教堂」，這座教堂不算巨大，然特別的是在一個地基上集合了九間禮堂。

傳說伊凡四世對於1561年完工的「聖瓦西里大教堂」快心遂意，在心滿願足後竟下令派人將建築師與其他參與建造教堂的工匠的眼睛都挖掉，讓他們無法再建造出比「聖瓦西里大教堂」還要美麗的建築。

我期待著要親眼驚豔這座從計畫旅行便朝思暮想的豔麗教堂，孰料快步走到現場才發現有「音樂祭」的活動，今天正好是最後一天，紅場被封閉圍起的範圍從「基督復活門」前到「聖瓦西里大教堂」。

接受了無法在廣場上拍到整座大教堂的事實，我往下走，還是企圖希望能找到一個避開帆布圍牆的最佳拍攝地點。

「這就是人生啊！」沒料到我將俄羅斯的遺憾，留在了「聖瓦西里大教堂」。想起幾年前到南非，要上「桌山」，卻因連著兩天的大霧，就是搭不了纜車。但日後想起南非，我卻最記得的就是當時上不「桌山」，只能和遠眺無緣它的心情，雖是遺憾，卻也是我最心繫難忘的，我想，「聖瓦西里大教堂」也會是啊！林徽音說：「有時候缺憾是一種美麗，隨性更能怡情。太過精緻，太過完美，反而要驚心度日。即使打算在人世生存，就不要奢求過多，不要問太多為什麼。且當每一條路都是荒徑，每一個人都是過客，每一片記憶都是曾經。」

五彩斑斕的「聖瓦西里大教堂」是莫斯科的象徵，金色、綠色和藍色熱鬧滾滾伴著頂禮膜拜的旅人，與其邂逅，只需片刻，將會因其九顆可愛的「洋蔥頭」，輕易戀上這座城。

*

　　旅人們在旅途中珍惜著每個擦肩而過的路人，也珍藏著在每個發生不同故事的城。也許在漫不經心中走進了一程山水，日後卻足以千思萬想。不容許我們討價還價的時間，在旅行的溫度中，顯得更為舒適。

　　離開俄羅斯時，感覺千里迢迢前來赴了一場盟約，雖後會無期，卻感謝這兩座和我有緣的城。她們有一種不驚不擾簡單的安穩，在冷暖交織的歷史洪流中，不管是停留在聖彼得堡最寬的「藍橋」，還是在最大的「聖以薩克大教堂」轉身，或者是在莫斯科如雨後春筍般湧現的時髦酒吧和創意餐館閱覽心情，美好的記憶不需發酵便已深埋心中。

簡約的「瑞典」：高調的「斯德哥爾摩」

　　飛機在斯德哥爾摩的上空即將放下起落架，從窗外逐漸見到越來越大的多座島嶼及其連結的橋樑，縱橫的運河交錯著這座海上之城，莫怪斯德哥爾摩被譽為「北歐威尼斯」，實至名歸。

　　IKEA家具、H&M的衣物、Absolut Vodka的調酒、路上跑的Volvo房車都是來自「瑞典」，所以這個北歐國家對我來說，雖然很遙遠，卻又很親近。

　　抵達斯德哥爾摩便先往瑞典王宮（Drottningholm）奔去，去感受皇室的尊榮。瑞典王宮位於斯德哥爾摩近郊的「皇后島」上，又叫「夏宮」，有「北方凡爾賽宮」的美譽。本是一座城堡的舊王宮，曾因失火而燒毀，18世紀重建時，便揉合了巴洛克式、洛可可式到哥德式的各種建築風格。幾百年來都是瑞典王室的居所，目前是聯合國教科文組織列為受保護的重要文物。

　　宏偉壯觀的夏宮雖無法國「凡爾賽宮」的大器，但一樣富麗堂皇。宮殿裡精緻的雕刻、名貴的掛毯和瓷器；宮外美麗的庭園與建築，都令人眼睛一亮。

　　綠草如茵的後花園也是在夏日這樣晴朗的好天氣必遊的。斯德哥爾摩，因其水域廣闊，又四周環繞著森林和草坪，形成兩大生態保護區，於是成立全球第一個都市國家公園，稱為「王室生態保護公園」（Royal Ecopark），因此又有「綠的斯德哥爾摩」之稱。

*

斯德哥爾摩共有14座島嶼，其中「島中之王」是最大的一個，島上的「市政廳」（Stadshuset），是斯德哥爾摩的重要地標，從市區任何地方，都能見到其勃發的雄姿。

這座建築由瑞典民族浪漫運動啟蒙大師奧斯柏格（Ostberg）所設計，1911年起建造，於1923年正式完工。塔樓頂端兒立著一座貼有綠色青銅片的鐘樓尖塔，最頂則是向上豎起的三條冠狀臂，形成一個鍍金的風信雞，象徵瑞典曾有過的光榮歷史的「三王冠」——14世紀時，瑪格麗特女王所統治的領土，可是包括瑞典、挪威、丹麥三國的。

市政廳以八萬塊攙有鐵砂的紅褐色磚塊建造而成，大堂內著名的金光閃閃——「金廳」，可是名符其實鋪了兩千萬塊金色鑲嵌畫，牆上的馬賽克畫，嵌鑲著斯德哥爾摩的守護女神——「瑪拉」。

「金廳」旁就是「藍廳」——Blå hallen，是市政廳最大的廳院、最具代表性的地方，因為每年的12月10日——是瑞典的化學家，阿爾弗雷德‧諾貝爾逝世的週年紀念日，瑞典政府就在此舉辦「諾貝爾獎」的慶賀宴會。

諾貝爾，因為發明炸藥而致富，卻也對於自己的發明所帶給人類的破壞而震驚，因此於1895年立下遺囑，將遺產中的3,100萬克朗成立基金會，並將基金所產生的利息每年獎勵並表揚給在研究、發明和實驗上對人類作出傑出貢獻的卓越人士。

就在諾貝爾獎金頒發後，瑞典國王和王后都會在「藍廳」，為

得獎者舉行隆重盛大的宴會並獻上祝賀。

但「藍廳」可不是「藍」色的。

據說，設計師奧斯柏格在設計之初，是要先以石灰塗抹在磚牆上，再用藍色彩繪，所以先命名為「藍廳」。但之後卻被粗獷的紅磚的質感與色澤震懾，也因為預算的原因，於是決定保留紅磚原色，但仍用「藍廳」命名。

在廣闊的「藍廳」裡不論是列柱、階梯、銅雕或石雕和磚雕，都在在展現了紅磚的原始之美。

廳內的管風琴有10,270支音管，每年諾貝爾獎宴會時，都會有音樂家演奏管風琴。我置身其中，甚至可以想像悠美的琴聲響徹整座市政廳。

然而「金廳」和「藍廳」並非高高在上，可是很親民的，不但供遊客參觀，也出租給市民舉行婚禮或宴客。

爬上大理石階梯，便可見到「議會廳」，這裡是議員們開會的地方。每個座位是固定的，座位上都有議員的名字，也就是說每位議員所有的發言都是被尊重、也是要負責任的；旁邊還有旁聽席，所有人都可以來旁聽議員們開會。

*

瑞典人不崇尚名牌，走在街上看他們的打扮都是簡單俐落的，有著屬於自我的風格和品味。

北歐人崇尚個人自由以及兩性平權，同居和結婚享有同樣的社會福利，據說瑞典的未婚同居率是世界上最高的，不少瑞典男女生了孩子，還是維持經濟獨立的同居關係。

　　瑞典是個重視環保的國家，全國上下一起響應環保，並將其融入生活中。

　　我曾在電視上看到斯德哥爾摩的Odenplan地鐵站，該站有個很特別的「互動音樂樓梯」（Piano Stairs），這個樓梯是按照鋼琴鍵盤鋪設互動黑白踏琴鍵，每踩下一個階梯，就會發出對應的音符。樓梯的設置是要吸引民眾捨棄搭手扶梯，選擇走樓梯，如此一舉兩得──健身又環保，果然在這個有趣的概念下，選擇爬樓梯的人比搭手扶梯的人多出60%。

　　一個當地朋友說他們有個「預測分析平台」，這個平台可以預測天氣和最新車況，他們只要在前一天提供出發地和目的地，便可以在出門前選擇最適合的、花最短時間抵達的交通工具，而這個便民的服務，同時也減少了斯德哥爾摩的交通流量。

　　斯德哥爾摩的市區道路多數狹窄，有的還是百年老街，為了緩解交通堵塞，政府除了鼓勵市民利用大眾交通工具，以減輕環境汙染；也希望必要開車者能避開交通高峰時間進入市中心。因此，自2007年8月起，針對不同時段要開車進入市區者收取「道路堵塞稅」。果然，斯德哥爾摩市區的交通擁堵狀況和溫室氣體排放量都降低了。

　　除了收「堵車稅」，還有「垃圾稅」，政府會按照每戶家庭所產出的垃圾量收稅。以獨棟的房子來說，戶外會有一個綠色垃圾桶，清潔人員來收垃圾時會秤你家垃圾桶的重量，每個月按重量收取你家所製造的垃圾稅，因此只要你做好環保，家裡的垃圾量就會愈少，那麼所需繳稅就愈少。

*

到訪瑞典絕對不能錯過的還有「瓦薩號博物館」，它可是北歐觀光人數最多的博物館，是瑞典政府在斯德哥爾摩專門為這座全世界僅存一艘的17世紀戰艦所建立的博物館。

瓦薩號，是瑞典國王古斯塔夫二世建造的一艘軍艦。1628年建成時還以「瓦薩」統治王朝的盾徽命名。當時瑞典有大約20艘戰艦，船上的重火炮數目都比不上瓦薩號。這艘本來會成為瑞典海軍最重要的一艘艦艇。卻在1628年8月10日揚帆起航不到兩公里就浸水沉沒了。

一場突如其來的大風與緊接而來的強風，造成船身傾斜與側翻，瓦薩號浸水沉到了海底，最終的死亡數字可能高達50人。

瓦薩號所以出事，有兩個很大的原因：

第一，當時在國外的古斯塔夫二世急於弘揚瑞典國威，展示瓦薩號的豪華，並加入波羅的海艦隊備戰。

第二，有些大臣明知瓦薩號有著嚴重的結構缺陷——建造時沒有填入足夠的壓艙物，即便在港口停靠時也不能保持平衡——卻不敢向國王報告，並請求將首航時間推延。

瓦薩號是在1950年代，有人在斯德哥爾摩港的一側再次找到了該船當年沉沒的位置。在1961年的打撈行動中，海洋考古學家們在瓦薩號的船殼周圍除了發現至少15具人類遺體，還有衣物、兵器、大炮、工具、硬幣、餐具、食物、飲料以及十分之六部分的船帆。若要深入了解瑞典17世紀早期的海上戰爭與造船技術，這些發現都成為珍貴的歷史學研究資料與對象。

1961年4月24日，瓦薩號龐大的船軀被幾近完整地打撈上岸。1987年，瓦薩號被移往斯德哥爾摩的「瓦薩沉船博物館」展出。

瓦薩號，是我見過最不可思議「龐大」的展品。

＊

斯德哥爾摩是一本值得字字句句細細咀嚼的好書，可以搭乘運河的遊船，欣賞沿岸如詩如畫的城市風光；也可以上到「電視塔」（Kaknas Television Tower）去享受美景與美食。這座曾是北歐最高建築，竣工於1967年。塔高155公尺，算上天線高170公尺。現今對外開放。登上位於30樓的餐廳用餐，相當值得，因為不但可以一邊享受瑞典美食──煙燻鮭魚和牛肉丸子，還可以360度鳥瞰斯德哥爾摩。

＊

瑞典境內的拉普蘭地區及文化，在1996年被聯合國教科文組織列為世界自然與文化雙重遺產。據說一萬年前拉普蘭地區就有了人類的足跡，歐洲目前僅存的游牧民族是薩米人民族，他們是北極的部落、也是歐洲最大的原住民族之一。大約一萬年前的冰河時期他們遷徙到拉普蘭區後，就逐漸由沿海逐漸移進內陸。

在薩米人的神話裏，靈魂是無所不在，萬事萬物都有其靈魂──獵人手裡的刀、狐狸、馴鹿、北極光，甚至是岩石和植物，而且所有萬物都有屬於自己的故事。薩米人樂於和大自然融為一體，他們覺得那是上天賦予人類最超然而特別的靈性經驗。

每到歐洲旅行，我最愛深入每個城市的舊城區尋幽訪勝，斯德

哥爾摩的舊城區也是。從南島跨橋，不管是在舊城區「皇宮廣場」看皇家衛兵交接儀式，或是去探訪「諾貝爾博物館」，她兼具古典與傳統的細水流長的「靈性」，將「高調」地懸掛在與我萍水相逢的靈魂裡……。

與芬蘭的世界之「最」相遇

　　從瑞典斯德哥爾摩搭乘「詩麗亞號」（SILJA LINE）郵輪前往芬蘭的首都赫爾辛基，便開始展開享受的旅程。

　　這是1990年建造的巨人豪華郵輪，總噸位58,400噸，共12層，總長120公尺，船上還設有長達142米的玻璃穹頂散步甲板。郵輪上有各種餐廳、精品商店街、賭場、酒吧、咖啡廳，還可以去體驗經典桑拿浴。連在頂樓欣賞波羅的海的夕陽也是很迷人的。

　　客艙舒適優雅，麻雀雖小，五臟俱全，坐在床上，就可盡享窗外一幕幕令人心曠神怡的美景。

　　一覺醒來，芬蘭到了，赫爾辛基就在眼前。

＊

　　赫爾辛基，位於芬蘭南部，面向芬蘭灣的半島上，海岸線孕育了豐美的天然資源給予這個享有「波羅的海之女」美譽的城。

　　赫爾辛基有三座必訪的大教堂，各有其獨特的優雅。

　　「烏斯佩斯基大教堂」，是北歐最大的東正教大教堂。從赫爾辛基的海港，就能見到這座洋蔥頭頂為紅磚綠頂俄式風格的東正教堂。這座金碧輝煌的東正教堂，位於國會廣場不遠處的卡達亞諾伽半島的山坡上，芬蘭人又稱其為「俄羅斯教堂」。教堂由俄國建築師設計興建，當時的芬蘭統治者是俄國沙皇亞歷山大二世，所以，在教堂背面，有其紀念的牌匾。教堂的所有尖塔上的十字架面向東

方，共有13個尖塔，象徵耶穌加上十二使徒。

「赫爾辛基主教座堂」，則是赫爾辛基的地標性建築，位於市中心的議院廣場上，廣場上相當「熱鬧」，左右有芬蘭總理府、赫爾辛基大學主樓和國家圖書館。

這座新古典主義風格的教堂，有一個綠色的大圓頂，周圍是四個小圓頂，上方有12位聖徒的雕像，模仿聖彼得堡的「聖以撒大教堂」。教堂的平面為對稱的希臘十字形，四面都有三角楣飾和柱廊。

這座以白色為基調的主教堂，在赫爾辛基又被稱為「白都」，因為過去出海的水手只要看到主教堂，就代表離家的路又更近了。

教堂不但舉行日常的禮拜，也舉行婚禮等特別活動，同時也是赫爾辛基大學神學院的禮堂。

我拜訪過歐洲三大教堂，還有其他知名雄偉的教堂，但是，赫爾辛基的「磐石教堂」卻出乎意外地深深撼動了我，因著它的低調、樸實與質感。

穿越過住宅區往一個大巷弄的斜坡上走，越走越懷疑這裡會有座教堂，等見到這座被岩石所覆蓋的、長得像飛碟的教堂，還存在著懷疑，但是走進教堂後，才發現真是連教堂也「不可貌相」啊！單從外觀完全看不出是一座教堂，唯一能顯示教堂的就是一個小小的銅製十字架。

原來這座教堂的建地本是一塊大石頭，設計師Timo和Tuomo Suomalinen兩兄弟為了結合自然環境，配合這個特殊地形，建築師直接將岩石挖空，並將挖出的石頭與原來的石頭堆砌成教堂的外牆，再用許多銅線環繞，也就是用鋼樑撐起銅製的圓形屋頂，同時

保留天窗，因此，教堂有絕佳的採光。這座教堂僅僅花了一年的時間於1969完工，因此，純天然，也沒有什麼華麗的雕刻，卻反而成就其特色。

藉由這座教堂也可見北歐人環保、低調與簡約的民族性。

因其平易近人的岩石的外牆，所以音效極佳，時常舉辦許多著名音樂會。

參觀當天正巧有音樂家在演奏，音效就如同在音樂廳享受天籟。

講到「音樂」就必須要介紹一下芬蘭的救國作曲家──西貝流士（Jean Sibelius）。19世紀末的芬蘭，受到俄國沙皇尼古拉二世的殘暴統治，全國上下激起強烈推翻異族統治的民族意識。而西貝流士在1899年所創作的成名曲──〈芬蘭頌〉，寫出了芬蘭的悲苦困境以及對未來的美好憧憬。

據說在首演現場，所有人莫不聞之落淚，激昂的情緒亢奮到了極點，之後，這首曲子幾乎成了當時的國歌。伯恩斯坦曾說：「對芬蘭的獨立運動而言，〈芬蘭頌〉的貢獻，遠超過上千次演講和上萬冊革命宣傳品。」當時影響程度嚴重到連沙皇都擔心這首樂曲會挑動獨立運動，因此禁止〈芬蘭頌〉公開演奏，可見其強大的感染力。

「西貝流士公園」（Sibelius Park）便是為紀念西貝流士而設立。在公園裡除了西貝流士的鐵鑄頭像外，還有一個高10公尺，由600多支空心鐵管組合成像管風琴波浪形狀的藝術造型，代表著這位偉大的音樂家的樂音，永垂不朽。永久流傳。

*

參觀完景點，入住飯店後，我可不想錯過「芬蘭浴」。我們所知的 "sauna" 就是芬蘭語，原意是「無窗戶的木屋」，指的是人在一個封閉的房間內用水蒸氣進行療養保健的過程。

飯店的桑拿在頂樓，我們先在更衣室換下衣服，裸身進到淋浴間沖洗後，便帶著毛巾進入充滿木頭香的烤箱。當汗流浹背的我們感到溫度下降時，一個芬蘭人拿起了水瓢，舀了水，然後往中間放置加熱石頭的地方澆水，果然蒸氣跑出來了，原來這間像台灣的烤箱是兼具蒸氣室的功用。我們得不停澆水於燒熱石頭上，以產生蒸氣。可別小看這些耐高溫的石頭，它們可是含有礦物質，還能保存大量熱能的。

這個芬蘭女人離開烤箱到淋浴間沖了冷水後再度進來，並告訴我們，正宗的芬蘭浴是要拿浸軟的樹枝拍打身體，促進血液循環，讓毛孔全張以逼汗排毒，然後再去沖冷水，如果浴室在戶外更好，冬天時可以跑到零下的湖水或雪地掘出的冰水池，冷卻身體。

體驗完芬蘭浴後，通體舒暢，一解舟車勞頓的疲勞。明天又可以更佳的精力擁抱美景。

*

在芬蘭旅行，你會遇上許多世界之「最」。

全世界最北的博物館，位於芬蘭羅瓦涅米市的ARKTIKUM——「北極圈博物館」。這座於1992年開幕的博物館由丹麥設計師所設計，最特別的是博物館頂部是由一個的透明玻璃幕頂組成，就像是

一個指向正北的玻璃手指。

博物館裡有很多北極圈的風土人情、豐富多樣的圖片以及栩栩如生的標本，還有一間室內的放映室，遊客們圍著一個圈，躺著看天花板上的穹頂布幕，欣賞變幻莫測的「極光」影片。

在這裡的市中心還有緯度最高的「麥當勞」，不過北歐的物價高，一個漢堡的價位也高得嚇人。在這裡的夏日，已經接近「日不落」了，晚上十點多了，陽光還很刺眼。

芬蘭的世界之「最」，還包括他們的行動通訊。

芬蘭是個IT大國，2015年6月就已經在一所芬蘭大學校園內展開5G網路的公開測試，是全球第一個5G網路試營運的國家。

芬蘭還是個女權主義的國家，又因為政府鼓勵生育，所以對於懷孕的女性特別保障其工作，甚至是重回工作職場後，原職原薪。也就是說一個女人如果每三年連著生孩子，她可以十年不用工作，政府還照樣給薪水。

我聽當地華人說起一個笑話：「諾基亞」要賣給「微軟」，「微軟」就問說：「你們部門員工有30人，準備要裁多少人？」「諾基亞」說：「10個男員工全部都得走人，因為其他20個女員工都在懷孕待產中，裁不得。」

芬蘭重視人權，走在街上，行人最大。人行道上連紅綠燈的告示都不用設置，車子一定要讓行人；政府也嚴格規定所有在車上的乘客都要繫上安全帶，為了安全，罰的是乘客本人。曾有遊覽車被警察上車臨檢，不用擔心你沒有足夠的當地克朗可罰，警察可是直接帶著刷卡機上車檢查的。

對於未婚同居，芬蘭人更是抱著寬容與尊重的態度。

2000年，62歲的芬蘭前總統哈洛甯順利當選後，芬蘭人面對一個歷史難題：就是該如何稱呼與總統未婚同居15年的阿拉亞爾維？從「丈夫」、「生活伴侶」到「男人」各大媒體展開沸沸揚揚的全國性的討論。為了平息這場歷時半年的討論，以及同居身分連帶參加外交活動的不便，總統最終妥協走入了婚姻，並且在總統官邸舉辦了一場低調到連新聞界都不知情的簡單婚禮。證婚人是總統與前同居人所生的女兒以及阿拉亞爾維與前妻的兒子，出席的親友只約30人。

＊

芬蘭還有一個象徵全世界文明的交通政策，就是對超速駕駛採取重罰，其超速罰單是根據違規者的年收入制定罰款金額的措施。

芬蘭有個名叫Reima Kuisla的商人開車超速。政府當局查了他的納稅申報單，發現他在2013年賺了650萬歐元。根據這個數字，最後他被罰了5.4萬歐元。他氣到將罰款單影印本放在臉書，卻沒有討到拍，一些網友支持政府的措施：「小錢無法讓有錢人感到痛，罰款應該讓違規的人感到痛，才算是罰款。」

＊

我們的車子行駛在筆直的公路上，有幾次司機突然緊急剎車，都是因為野生麋鹿（moose）意外出現，牠們的體型較大，而不像幫聖誕老公公拉雪橇的馴鹿（reindeer），個子較小，鹿角如樹枝。

我有著開放的飲食觀，喜歡入鄉隨俗，嘗試各地的食物。曾經旅行越南，一口吃下他們有名的「鴨仔蛋」，配著當地的「蛇

酒」，雖是帶著冒險的精神，卻也帶來難忘的回憶。我相信每個陌生的城市都會因為當地的特色美食而拉近與旅人間的距離。

想要體驗芬蘭的飲食文化，絕不能錯過馴鹿肉，有人說：沒吃鹿肉，就不算到過芬蘭。不要覺得殘忍，因為芬蘭的中部和北部氣候極寒，無法飼養牛羊，只有馴鹿可以生存，因此馴鹿成了游牧民族餐桌上的美味傳統菜餚。

現在能被食用的馴鹿多是人工飼養，況且牠們可是經濟價值很高的動物，根據最新研究發現，馴鹿肉是最健康的食物之一，脂肪含量少，富含維生素B12，omega-3和6。此外，在市場裡會看到許多馴鹿肉攤，也能在商店見到販賣馴鹿毛皮以及與馴鹿相關的禮物。馴鹿可說是芬蘭的標誌之一，像芬蘭最著名的伏特加（Finlandia Vodka）瓶子上就有著三頭小白鹿。

當被煎成五分熟的馴鹿肉排端上桌後，我立馬嚐上一口，鮮嫩多汁，配上馬鈴薯泥以及芬蘭夏季盛產的蔓越莓和藍莓醬，開胃解膩。馴鹿肉吃起來的味道很接近牛肉，只是肉質比牛肉老。我的芬蘭美食饗宴在最後一道甜點劃下完美句點——芬蘭式的法式吐司，搭配鮮奶油和手工草莓冰淇淋。

炒鹿肉和鹿肉丸子也是相當美味的，還有馬鈴薯和紅蘿蔔搭上煙燻鮭魚或者蒔蘿搭上鯡魚，這些菜色都能體現芬蘭傳統的飲食藝術。

用餐席間，與在餐廳打工的大學生閒聊，得知他們的福利制度相當優渥，只要在學校就學，政府都會提供生活費，一個月大約有400歐。但政府也知道學生需要打工經驗自我探索，或者也需要有更多的金錢可以運用，但卻又不希望他們因為打工耽誤學校課業，

所以規定在六年內要取得大學文憑。

＊

　　據說「北極圈」最早是由古希臘人確定的。希臘人發現天上的星星可以分成兩組：其中一組一年到頭都能看得見，處在世界的北方；另一組則隨著季節周期性地循環出現，在天頂附近及偏南的位置。而這兩組星星之間的分界線是由大熊星座所劃出來的一個圓，而這個圓正好是北緯66度33分的緯度圈，也就是「北極圈」。

　　《維基百科》」說：「北極圈是指北寒帶與北溫帶的界線，其緯度數值為北緯66度34分……北極圈的範圍包括了格陵蘭、北歐和俄羅斯北部，以及加拿大北部。島嶼很多，最大的是格陵蘭。由於嚴寒，北冰洋區域內的生物種類很少。植物以地衣、苔蘚為主，動物有北極熊、海豹、鯨等。北極圈在北緯66度33分的緯線（圈），北極圈以北的地區，在北半球的夏至日太陽終日不沒；在北半球的冬至日太陽終日不出。」

　　羅瓦涅米（Rovaniemi），是芬蘭北部拉普蘭省省會，通往拉普蘭的大門，是世界上惟一設在北極圈上的省會，是芬蘭北部政治、經濟、文化與旅遊中心。

　　走訪正好坐落在北極圈上的「羅瓦涅米」，地上有條白線標示了北緯66度32分35秒，也就是北極圈的邊界線，過了這條線，就代表進入北極圈範圍。所有的旅人都在這條線拍下了好幾張各種「跨越」的照片。

　　這裡還有木作的高高指標，標示了幾個重要城市與北極圈的距離，很特別的是這個指向東方的、高高在上的指標竟是我們「台

北」——原來北極圈距離台北只有7,804公里。

既然跨越了北極圈,就一定要買一張「跨越北極圈證書」,讓這個經驗成為永恆的回憶。

到羅瓦涅米可不只是跨越北極圈,它還是聖誕老人的故鄉呢!

1882年,一位美國詩人第一次描繪了聖誕老人的形象,從此,聖誕老人的相關傳說就開始廣泛流傳。1927年,蘇聯和芬蘭確定以拉普蘭省的「耳朵山」為兩國通往北冰洋的國界線。

芬蘭的兒童故事大王——瑪爾庫斯從中獲得了靈感,他在電臺講故事時就說:聖誕老人和兩萬頭馴鹿就住在這座「耳朵山」上,正因為有「耳朵」,所以,聖誕老人才能在北極聽到世界上所有孩子的心聲與願望。從此,故事中的「耳朵山」就成了聖誕老人的故鄉。歷史上也傳說:芬蘭是最早迎接聖誕老人安居的國家。

1995年耶誕節前夕,當時的聯合國秘書長——加利,把一封發給聖誕老人的賀卡寄到了芬蘭的羅瓦涅米,聯合國因此承認羅瓦涅米就是聖誕老人的故鄉。這也停止了西方多年來一直對傳說中聖誕老人的故鄉的爭議。大家都認定芬蘭的聖誕老人是世界上最正宗的,因為他住在北極圈裏。

從聖誕老人村(Santa Claus Village)地上那條白色的北極線(北緯66度33分),往前走就會見到聖誕老人屋就建在這北極線上。每年來自各國的遊客到此一睹聖誕老人的風采。在聖誕老人的辦公室掛滿了世界各國的名人與他的合影。

我們排隊等候要和聖誕老人合影,工作人員詢問我們從哪裡來?據說,聖誕老人會講各國的語言呢!

我們懷著期待又興奮的心情被引導進到攝影棚,那應該是我見

過最溫暖的攝影棚了。一進到攝影棚就強烈感受整個聖誕氛圍——壁爐、禮物、和藹親切的聖誕老人，一切就如童話中所描述。

聖誕老公公確認我們來自台灣後，馬上就說：「你好」；拍照結束後，還用英文跟我們聊了一會兒，並祝福我們平安健康、心想事成；最後用台語「甘謝」送走我們。這個「國際化」的聖誕老人真令我瞠目結舌。

同行的忘年之交的好友，搶著付了50歐（原本是40歐，因為我們共七人，所以多收了10歐）。環遊世界已經73國的好友，是個老經驗，選擇要保留電子檔下載，而不是只列印一張照片。結帳時，櫃檯人員會問你所使用的語言，然後給你下載說明單和密碼，你可以自行下載當時拍的三張照片和一段與聖誕老人在攝影棚互動的影片，相當值得。

據說芬蘭最繁忙的郵局，就是北極圈內這個世界上獨一無二的芬蘭聖誕老人村郵局。走出聖誕老人屋，沿著北極線走，另一頭就是郵局了。在郵局角落有一張桌子，上面有各地小朋友寫給聖誕老人的信。據統計這裏每年有來自世界150多個國家和地區的數十萬封信。如果你沒有機會到這裡拜訪聖誕老人，那麼你可以寫信給聖誕老人，據說每封信都會收到問候的回信喔！

在郵局裡可以挑選明信片，寄給自己和親友，所有人從此處寄出的信件，都會特別蓋上北極聖誕老人郵局的聖誕郵戳，這應該是最特別的郵戳了。

旅行18天回國後，就在信箱收到在芬蘭羅瓦涅米「聖誕老人村」所挑選寄回來的明信片。真是太有效率了。

我們將帶著聖誕老公公的祝福，繼續在生活中努力前行。

我想和「挪威」虛度時光

1553年，一位英國探險家理查·查斯勒（Richard Chancellor）經過挪威北方馬格爾島（Magerøya）上的一個海岬要去找尋東北航線，便把這裡命名為「北角（Nordkapp）」，而在北角的307米高的陡峭懸崖，最常被認為是歐洲的最北方。現今「北角」已經成為一個主要的觀光勝地。

原本預計8月要到北歐旅行的，做了功課後，才發現午夜的太陽是可遇不可求的，地球由於赤道自轉與公轉軌道有一個交角傾斜，每年於兩極之處，各有一段短暫的「永晝」與「永夜」。「永夜」時期，一天內不見天日，適合尋覓「極光」；「永晝」時期，則適合在午夜12點時分，目睹看似就要墜落海面，沉落到了最低點後，下一秒鐘又瞬間回升的「日不落」景象。

最後確定7月到「北角」才是最有機會見到「日不落」的——於午夜前，前往北緯71度10分21秒的北角，去欣賞日不落的白晝以及午夜太陽的奇景。

於是，「北角」成了我的這趟北歐五國之旅的重點。我從確定行程後，便開始想像那個畫面，一群來自世界各國的人一起面對著永晝的奇蹟，這是多麼難得的經驗。我想一定會比我在希臘的聖托里尼島的伊亞一起鼓掌送走愛琴海的日落來得更加難忘。

＊

車子從芬蘭的滑雪勝地「列維」，往天涯海角的世界盡頭——
「北角」開去，我的心也一路狂奔。

有人說：「北歐的天氣多變——像女人的臉；男人的心。」
這裡的天氣真的說變就變，早上還太陽高掛，但隨著往北角的距
離586公里的縮短，大家的心情越是隨著公里數的減少、氣溫的漸
降、天氣的轉陰而低沉……。

車子先是抵達了距離北角還要40分鐘的車程的旅館，此時已經
下起了大雨……說好的太陽呢？

僅管心情低落到谷底，然而，當下也只能安慰自己：至少前一
晚住在「列維」已見識到日不落了；也只能按照原計畫十點乘車往
北角去。

誠如莊子所言：「外物不可必。」所有外在的事物都沒有一定
的規準，人、事、物都是，更何況是大自然的力量，因此，只能順
乎自然。

車子到了北角大約十一點，計劃中應該是還有一個小時可以從
容不迫悠閒地迎接午夜的太陽，此時可以在太陽高掛的北角紀念碑
拍照的；但是計劃趕不上變化，誰會想到舟車勞頓到此，卻見到風
雨交加，起大霧的北角。

好吧！車子都拉到天涯海角了，無法改變天氣，只好轉換心
情了。

那就融入北角起大霧的陰雨天氣吧！

在風雨交加中，衝到了北角紀念碑拍照，不知為何站在這裡真

有一種天涯海角的孤絕感，也許也因為陰雨的天氣吧；再衝回佔地5,000平方公尺的遊客中心逛逛，一進大廳就見到北歐一貫的極簡風格。在這棟主建築裡除了很多關於北角歷史的展品，還有全世界最北的教堂、餐廳、酒吧、紀念品店和郵局。你還可以在紀念品店裡挑選屬於北角的明信片寄給自己和親友。所有人從此處寄出的信件，都會特別蓋上北角的郵戳，這應該是除了芬蘭「聖誕老人村」的郵戳外最特別的了。

在這裡還可以買一張「北角證書」留存。

得不到的永遠最美、最難忘，當年要上南非「桌山」，去了兩趟就因為天候上不去，反而「桌山」成了我最念念難忘的南非記憶。我想，陰雨的7月北角也會永恆地鑴印在我的心版裡。

＊

說起「挪威」，第一個就想到絕無僅有的「峽灣」規模與魅力。峽灣是一種特殊地形，由於萬年前冰河溶解、移動，經年累月將山谷向下切割所形成的U型谷，當海平面上升，地表下降，海水就順著水流進入山谷，於是形成了峽灣。

著名的「黃金之路」（Golden Route），是由Åndalsnes通往Geiranger的一條山路。顧名思義，這條路擁有絕世美景，它由「老鷹之路」（Ørnesvingen）和「精靈之路」兩段路所組成。兩端各有11個Z字型的彎路，一路從山腳下蜿蜒到山頂，直到海拔852公尺的制高點。我們的司機是從希臘到挪威工作的，兩個月的旅遊旺季後他就回希臘去，他的駕駛技術無話說，看起來是有練過的。狹窄的道路只有極少數的地方容許車輛會車，考驗著所有駕駛們的功力與萍水

相逢的默契。

車子行走在「老鷹之路」上，恨不得自己能有多一雙眼睛。高聳陡峭的山壁、蔚藍深邃的峽灣，在欣賞應接不暇的美景時，全身心靈都融入了挪威的招喚，被大自然的神奇造物深感震撼。抵達「老鷹之路」的彎口，來到最佳觀景台，是眺望已在2005年被聯合國教科文列入世界自然遺產的「蓋朗格峽灣」（Geirangerfjorden）的最優觀景點。

「蓋朗格峽灣」，被稱為是挪威最美麗的峽灣，若要將此峽灣以美女來比喻的話，她是屬於婉約秀麗端莊型的，走的是典雅氣質風。

在「蓋朗格峽灣」裡知名的瀑布有：七姐妹瀑布（De syv søstrene）、修士瀑布（Friaren）以及新娘面紗瀑布（Brudesløret），這些瀑布似乎都穿上了輕紗、戴上了薄紗面罩，有著一種變幻莫測的神祕氛圍。

如果你想要更加了解「蓋朗格」，你可以在峽灣各方遠足健行、騎自行車、乘坐皮艇、漂流或垂釣，這些都是與她深交的最佳途徑。

*

曲折美麗的「精靈之路」，在1936年開通。每年依據融雪狀況決定道路的啟用時間，也只有在5-8月開放。2005年，挪威政府又再斥資近一億台幣，整修這條道路，以降低落石崩塌。

「精靈之路」的原名是──「特羅斯蒂戈」（Trollstigen），其中的字母──"Troll"，是挪威童話故事裡出現的妖精。挪威，

號稱是「精靈」的國家，挪威海上的天然氣平臺以及太空中心（NSC）所興建的南極站，都以"TROLL"命名，可見精靈對於挪威人具有重要的意義。

"TROLL"有不同的說法──「巨形侏儒」、「山中的妖怪」和「醜爾」。這些長得面目猙獰、紅色長鼻子、一頭蓬鬆亂髮的小精靈，只有八隻手指和腳趾，貌似兇惡，喜歡搞惡作劇，是北歐神話中重要的角色之一。

雖說長得很醜，卻是挪威人的吉祥物。傳說中這些精靈是居住在洞穴或地下的巨人，他們是挪威最早的統治者，挪威人掌管白天，他們則負責掌管黑夜。所以，他們只能晝伏夜出，如果貪玩忘了在天亮前躲起來，他們就會被陽光化成山石，所以，在挪威峽灣旅遊時，到處可見許多精靈形狀的石頭。

為什麼「醜爾」的鼻子那麼長呢？傳說他們喜歡喝粥，而他們的長鼻子就是用來攪粥的。所以，挪威農民在聖誕夜都會準備一大碗粥放在門口。

隨著時代的變遷，「醜爾」的外形結合了挪威矮人小精靈「尼斯」的特徵，變得友善熱情，樂於助人。

在「蓋倫格峽灣」的羅姆斯達爾山谷裡，還有12道極危險的懸崖公路，便是著名的「山妖階梯」，階梯旁有警告圖示註明：「此處有山妖經過！」似乎警告著人類與他們保持距離。挪威人相信誰要是得罪了山妖，就會受到戲弄或報復；反之就會得到好報。

車子開抵「精靈之路」的最高處──正是「絲蒂瀑布」（STIGFOSSEN）的源頭。下車時，正好起大霧。峽灣裡變化無常的天氣──晴朗炎熱時，峽灣的水面，就像一面潔淨的鏡子，原汁

原味忠實反射所有自然景觀；陰雨多霧時，峽灣則給人莊嚴肅穆又帶點神祕陰森的感覺。

旅人們可以沿著步道走到觀景台，近距離欣賞320米高，奔流而下的絲蒂瀑布，如果光線優、視野佳，還可以見到整條「精靈之路」的壯麗奇景。但此時遇上陰天，也只能藉由咖啡大廳裡的展示照片，想像風和日麗晴朗時，令人激賞的景緻了。

在挪威旅行，到處可見被堆疊得很高的石頭，據說：石頭堆得越高，願望成真的機率就越大。

我也入境隨俗學當地人和旅人去「堆高石頭」，期待接下來太陽公公別也學北歐人去旅行了，趕快出來快樂迎接旅人吧！

*

前往歐洲大陸最大的冰河──「約斯達冰河國家公園」，一路上風景如畫，似乎掏心掏肺、言無不盡地與旅人對話著；我也和美景四目相對回應著：「因為我在等你。」

冰河，是指大量冰塊堆積形成如同河川般的地理景觀，所以又叫「冰川」。在終年冰封的高寒或兩極地區，這個巨大的流動固體，是由層層積雪堆疊而成，多年來的積雪，經過重力或冰河之間的壓力，互相擠壓，最後從斜坡滑落而形成冰河。

搭乘公園裡的「精靈電動車」可以登到「布里斯達冰河」的前緣。車子和緩行駛，一路上可以見到冰河融化流瀉下來的水，因為地形而形成非常壯觀的飛瀑或湍流，電動車上提供了藍色的防水布，可要鋪蓋在大腿以下，主要是抵擋飛瀑所「噴發」的水氣。

途中還見到不少健行者，如果時間允許，一邊健行向上爬，一

邊欣賞風景，應也是不錯的體驗。

車子停了，「布里斯達冰河」就在前方了，越走越近時，強烈感受其磅礡的氣勢與壯麗的風景。原來，當親眼目睹冰源與融解的冰河時，頓時會覺得旅途中所有的舟車勞頓一切都值得了。

由於溫室效應，地球上的冰河正以驚人的速度消失，這種狀況在高緯度地區和高海拔地區格外明顯。旅行了73個國家的旅伴，特別從手機裡找出了十年前在「布里斯達冰河」所拍的照片比對，原本的冰河可是往更下方一大片滑落的，而現在則少了三分之一。全球暖化的議題豈能不重視。

回程時，我們電動車的司機，是個學資訊的20歲的大學生，身高190公分，有著靦腆的笑容，他說他們年輕人都會利用假期打工，他還當過農夫，但是在這裡開車比當農夫好賺。他很熱情地介紹景點，有兩個點刻意踩了煞車，讓我們快速拍了照。但這還不是最讓我開心的，他居然猜我只有24歲，我告訴他我已經47歲了，後座那兩個是我即將上大學的雙胞胎兒子；他還以為我騙他，感到不可置信。歐洲人本就看不太出亞洲人的年紀，所以，這種事開心一下就夠了。

*

搭乘觀光遊船也是親近峽灣的方式之一。

世界上最長、最深的「索娜峽灣」是挪威的峽灣之王，被列為2005年的世界自然遺產。

在搭乘觀光遊船的兩個小時中，可盡情欣賞沿途壯麗的峽灣風景，凡入眼處無不是美景，不但可以見到兩岸的山澗飛瀑、高山峻

嶺；特別的是，還可以拿麵包餵海鷗。這裡的海鷗一點也不怕人，旅人們可得當心，當海鷗來取走你拿在手上的麵包時，牠可能會不小心啄到你的手指。

置身於此，讓人忘卻了塵囂，更能充分體悟「鷗鳥忘機」，而忘身物外。

*

休息，是為了走更遠的路。入住峽灣區內的百年貴族旅館應該是挪威夢幻行程的條件之一。

車子還在峽灣裡，但在轉彎處就見到了對面矗立於山林峽灣中的百年貴族旅館——Alexandra Hotel，一進到旅館，便被大廳裡的藝術品和古董所增添的歷史感所吸引；在餐廳享用美食、美酒再配上眼前峽灣的壯麗景色，不禁讚嘆：C'est la vie；晚餐後，散步逛逛「羅恩」小鎮，真有種置身於瑞士的純樸氣質。

回到房間，雖是就寢時間，但天還亮，面對窗外如詩如畫的美景，該如何入睡？推開落地門，坐在躺椅上，和180度的美景談心，莫怪古人要秉燭夜遊了……。

*

「挪威縮影觀光火車」是挪威的國鐵，也是除了搭乘遊輪、觀光遊船和巴士以外，可以在最短時間體驗挪威景緻的捷徑。

高山火車從麥達爾（Myrdal）車站，開往佛萊姆（Flåm），車程大約一個小時，全線風光無限，沿途會越過終年積雪不化的嵬嵬山區、山坡上養著羊的農莊，還有被河水切開的幽深峽谷。車廂裡

的影片介紹途經的景點，除了有中文解說，還播放著當地的民謠。

佛萊姆登山鐵路又是人定勝天的另一實例，全線共長20公里，共經20條隧道，其中18條是人工開鑿，每一公尺大約是一個工人一個月的勞動而成，是挪威鐵路工程的難得成績。沿途山明水秀，令人驚呼連連的山峰、峽谷、瀑布和農莊，最特別的是「奧蘭德峽灣」，它是全世界最長的「松耐峽灣」的支流之一。

火車行駛到著名的「柯約斯瀑布」（Kjosfossen）會停下來大約五分鐘，讓旅客下車拍照。落差93公尺的「柯約斯瀑布」，水量充沛，站在月台上的圍欄裡拍照時，還會被其咆嘯奔騰而來的水氣噴到，可以想見其壯觀。此時瀑布下的右方岩石上，會有穿著紅衣的女郎隨著如空靈的音樂播放而起舞，這是當地觀光局特別安排的節目，是要重現挪威山中的精靈神話傳說。

＊

挪威必走的公路是堪稱為公路奇蹟的「北大西洋景觀公路」，它可是世界上18條最著名的公路之一。這條景觀公路，位於冰河不斷侵蝕切割所形成的西海岸線上，於1989年通車，全長八公里，是狹灣區55條最美麗的峽灣公路之一，這條公路設計得獨具用心，由八座橋樑結合而成，也就是說每過一座橋就是經過一座小島，感覺像是「跳島」微旅行，而隨著不同小島的跳接，也像在水上跳躍，同時欣賞一幅幅不同的大自然創作。

除了北大西洋景觀公路外，還有1985年被登錄為世界文化遺產，於1972年被發現的「阿爾塔岩畫」（Rock Art of Alta）也是不可錯過的，它可是北歐最大的戶外岩石壁畫，是重要的史前岩畫藝術

遺址。

　　阿爾塔岩畫，距今約有2,000至7,000年的歷史，是當時由當地的獵人和漁民所創作。這些創作包括了描繪了馴鹿、麋鹿、熊、狼、天鵝、鮭魚和鯨魚等各種動物，以及當時他們捕魚狩獵、宗教儀式以及農業生產的現況，還繪畫了各種動物：馴鹿、麋鹿、熊、狼、天鵝、鮭魚和鯨魚。這些岩畫都被補上了紅色的顏料，被認為是與岩畫原貌最接近的。

　　散步在木製的步道上，微風徐來，輕鬆欣賞世界文化遺產，感覺格外愜意。

　　再有北歐重要的朝聖教堂——尼達洛斯主教堂（Nidaros Cathedral），這座石砌的路德宗教堂，曾是挪威國王的加冕教堂，但於挪威併入丹麥後中斷了加冕的儀式，直到1814年挪威獨立後才又恢復。挪威的王冠便收藏於此。在這座國家級教堂的主教宮內有兩座博物館：一座介紹教堂的宗教藝術；另一座則是展出古代兵器的軍事博物館。其哥德式建築的獨特魅力也吸引著每年至此參觀的遊客，不虛此行。

＊

　　我對挪威的初識，是年輕時研究女性主義讀到劇作家亨利克‧易卜生的《玩偶之家》，從這部被稱為是挪威婦女解放的宣言書就可想見女性在挪威的地位。在劇本裡可以見到娜拉自我覺醒的過程，從認命於當時傳統的男尊女卑，依賴順從丈夫，在婚姻關係中委曲求全，到揭露丈夫的虛假面具並與其決裂，最終選擇出走以擺脫玩偶身分。

　　易卜生真是先知，在一百多年前就看出女人的潛質是可與男人並駕齊驅的。

　　挪威的女性地位很高，法律強制規定高層領導必須有女性，所以，許多內閣大臣甚至首相都是女性擔任，在挪威的議會裡三分之一是女性。

　　不知是不是心理作用，走在奧斯陸的街上，我覺得這裡的女人趾高氣昂地呼吸著，走路抬頭挺胸；露天咖啡座裡除了情侶外，多是開朗笑聲的女人們；我至少見到兩對十指交扣的女同志，在這個允許同性戀結婚的國家中，臉上滿是幸福與自信。

　　一個在挪威工作的導遊說挪威的兩性平權十分澈底——家務要一起分擔；男人可以休假在家照顧嬰兒，照領八成薪資；半夜父母要一起起床餵奶。

　　挪威人的地位，排在女人之前的是小孩，在挪威旅行，你會發現幾個大城市的街上3點半就開始塞車，因為小孩學校4點下課，父母一定要準時接到小孩，因為顧及小孩太晚接，心理會受創。所以，政府規定父母如果沒有準時接小孩放學要罰2,000克朗，因此就算是正在開會的父母，都可放下工作，下班去接小孩。

＊

　　挪威有幾個重要的城市與景點是值得花時間細細咀嚼的。

　　特朗索，有北方的巴黎之稱，是北極圈內最大的城市。因其接近北緯70度的地理優勢，每年吸引了來自世界各地追尋北極光而來的遊客。建於1965年的「北極光大教堂」，是特朗索最有名的地標，白色三角形的建築設計，有著白雪和極光的意象，水泥和玻璃

簡單呈顯現代設計的美學。

特隆赫姆，是挪威中部地區的中心城市，是挪威的學術與科技重鎮——大學城、科技技術和藥物研究中心最富盛名。河邊繽紛多彩的木造建築更是吸引旅人按下一張張快門。

莫爾德，位於挪威羅姆達爾峽灣畔——隆斯達峽灣（Romsdalsfjord）北岸。這座冬暖夏涼的城氣候最適宜種植玫瑰，所以又被譽為「玫瑰之城」。這是一座旅遊資源豐富的城市，在夏季時，是最受歡迎的登頂目的地，登山者可以選擇爬山攀頂，也可以選擇遊繩而下。

我們到訪的當天正好見到整座城都蓄勢待發準備迎接每年7月中旬所舉辦的歷史最悠久、全世界最重要且最大的「莫爾德國際爵士音樂節」，讓我們也充分感染了爵士的音樂能量。

卑爾根位於挪威的西南方，是挪威歷史最悠久、也最優美的峽灣之城，因其峽灣的地形適合大型船集操作，所以，卑爾根成為歐洲最大的郵輪港中的一個，在1979年被聯合國教科文組織列為世界文化遺產。根據2005年的統計，卑爾根處理全挪威超過50%的貨物來往，所以是挪威重要的對外大門。

城中最古老的地方就是舊城區的「布里根」（Bryggen），最特別的就是擁有目前僅存於18世紀早期建成的繽紛多彩的62間木造房屋，這一整排尖屋頂的古老木屋具有中世紀風格。這個曾在14-16世紀中葉，被稱為「德國碼頭」的「漢薩同盟」著名的貿易城市，雖經歷過幾次火災，但其木屋的修築大多保持了火災前的原貌。

這裡的露天漁貨市場也是著名的觀光景點，在那裏可以品嚐北海的新鮮海鮮，也可以買到送禮自用兩相宜的魚子醬。此外，還可

以在購物區與托加曼尼根廣場（Torgalmenningen）好好逛逛欣賞這個在第二次世界大戰曾遭到英軍轟炸又在戰後重建的城。

登上弗洛揚山（Fløyen）的登山纜車，到達320公尺高的山腰，從那裡可以看見整座壯麗的卑爾根，德式風情的木造房舍都成了小火柴盒……。

奧斯陸，挪威的首都。市區內的奧斯陸王宮、議會大樓、國家劇院和大學、證券交易所，這些地標都建於19世紀，有其歷史意義。

奧斯陸市政廳，在2005年，被選為奧斯陸的世紀建築。是為了紀念奧斯陸建市900年所建造，於1931年開始動工建造，中間受到第二次世界大戰的影響而停工，直到1950年才完成。諾貝爾獎一般都在瑞典的斯格哥爾摩頒贈，唯獨「和平獎」，是依照諾貝爾先生生前的遺囑指定，特地選在挪威奧斯陸頒發。其頒獎儀式就是在「市政廳」舉行，已經成為觀光客的必訪景點。

市政廳的外觀並不起眼，是雙塔紅磚建築；室內由數十位挪威藝術家聯手設計，花了12年才完工。廳堂的牆壁上繽紛多彩的關於神話的壁畫，令人印象深刻，有奧斯陸的藝術殿堂之稱。

在奧斯陸市郊區「比格迪半島」（Bygdoynes）上，有座可說是目前全世界保存最完整的維京文物館，是關於海盜時期最優的展館。

在「維京船博物館」內展示超過千年的古代三艘海盜船，是當年猖獗於北海和地中海的海盜所用的船隻——奧塞貝格號（Oseberg）、高克斯塔號（Gokstad）以及杜桌號（Tune），其中以高克斯塔號保存最為完整。

船身長23米的「高克斯塔號」於1880年挖掘出土，在當時是一艘很大的海盜船。其細長的船型線條設計，不但耐久航距，還

可使其於航行時充滿速度感,可見它所以能雄霸北海及大西洋海域之間。

　　除了這三艘在奧斯路峽灣附近出土的9世紀的木製海盜船,還可窺探當年北歐海盜橫行時期的極盛與其聞名於世的造船技藝──船體使用橡木製造,出土時尚未腐化;還有伴隨出土的8-10世紀維京人精緻的木雕、皮革、金銀珠寶與生活日常用品;以及在海盜時期相關資料,可提供歷史研究者相關可參考之海盜時期的研究資料。

　　而維京船造船輝煌歷史,也奠定了今日挪威卓越的造船技藝。

　　還有「奧斯陸歌劇院」(Opera Huset)在2008年像一座風姿萬千的冰山在奧斯陸拔地而起。她像一艘大船就停靠在Bjørvika地區的岸邊,從不同的角度欣賞都能領略這座挪威國內最大的文化建築的藝術之美。

　　講到奧斯陸的藝術,維格蘭雕塑公園便又是個代表,這是座以雕像為主題的占地80公頃的大公園。公園內的212座雕像全是挪威雕像家古斯塔夫·維格蘭的作品。古斯塔夫·維格蘭在政府的力邀下,從1924年開始投入20年,傾其一生而成。

　　進入公園在右手邊會見到古斯塔夫·維格蘭的紀念雕像,再來走過「維吉蘭橋」,橋的兩側就佇立了58座人物銅像。

　　這座公園也稱為「人體公園」,所有的雕像都展現了跟人有關的一生,生老病死、悲歡喜樂,把人生的所有重要階段──出生、成長、戀愛、男歡女愛、結婚、生子、育兒的辛苦、孤寂、衰老。甚至生活細節和情緒,都在作品中真實呈現。其中最有名的就是──「憤怒的小孩」,全然展現了小男孩氣憤難平的天真耍賴表情。

　　人生柱（monoliten），雖位於公園後方，但一入公園門口，就可見它高高擎向天空而立。往公園後面走，更能清楚見到由整塊白色花崗石雕刻而成的「人生柱」，這個高17公尺的石柱上刻了密密麻麻的121個栩栩如生的不同的人物雕像，每個人物裸露著背，展現出肌肉的力與美，大家都在努力向上攀爬，象徵著從小到大，每一個人都要為自己的未來努力認真，超越別人、挑戰自己，盡全力掙扎向上。這個石柱是挪威著名的重要地標，如同我們台北的101大樓。

＊

　　旅行18天回國後，就在信箱收到在「北角」所挑選寄回來的明信片。旅行時的愉悅還保溫著，她邁開了步伐朝我翩翩起舞，我還想單純地和她虛度時光。生命在無盡的時間中流淌，我的生命氣質在每個陌生城市的街頭累積，即使微小卻很確定。

　　原載於《明道文藝》，2017年3月與5月，第470~471期。

熱情如「火」的「冰」島

　　千萬別小看這個曾經破產的小國，他們可是維京人的後代。

　　冰島人似乎有一種無所畏懼的樂觀天性，他們瞭解人生無常
——「外物不可必」，所以，只盡力自己能掌控的，2008年金融風
暴後，失業的銀行員轉身走出辦公室，立刻轉行學當漁夫，出海捕
魚；2010年火山爆發，為了搶救旅遊業，他們便印製了一款「沒有
銀子，但有沙子」的標語T恤；2016年，在「歐洲盃」淘汰了英格
蘭，首次晉級八強。這個地大人少，連80萬頭羊都大於人口只有約
33萬的不起眼小國，爆出冷門，讓全球從各個不同眼光另眼相看。

　　Iceland，「冰的陸地」，因其為島國，所以翻譯為「冰島」，
是所有歐洲國名中唯一意譯的。如果你以為這塊遊離於北歐大陸之
外的島國是個資源貧瘠的「冰凍的之地」，那可就大錯特錯了。

　　據說，維京人是首先發現綠草如茵、地熱豐富的「冰島」，但
他們擔心這個適合人居住之地會被蘇格蘭人搶走，所以故意將這塊
坐落在北極圈邊陲的土地取名為——Iceland；之後，又發現了冰天
雪地、荒涼貧瘠的「格陵蘭」，就故意取名為——Greenland，讓人
家誤以為那個冰封大島是個富饒國家而移居前往，不想讓別人跑到
冰島來和他們分割資源。

　　冰島在政治地理上雖屬歐洲版圖，但在地質意義上，其實是橫
越了北美和歐亞大陸板塊。而「辛格維利爾國家公園」就正位處於
歐亞和北美板塊的交界處上！

　　所以，行走於歐亞大斷層中，是個很特別的經驗，就等於是走在歐洲和美洲之間；這裡還有冰島最早移民召開會議的地點，還有國會平原和國會湖，站在高處可以遙想這些移民者當年開會討論和表決的情況。正因如此「辛格維利爾國家公園」在2004年也被列為世界文化遺產了。

　　如果你喜歡潛水──Silfra，可以讓你終生難忘，因為這是個被湖水掩蓋的板塊裂縫，是冰川水，浮力度和普通海水不同，下水後要控制浮力潛行在歐美板塊之間，是個難得的體驗。

　　除了跨越兩個大陸板塊，冰島的特別與衝突，還在於因為擁有很多特殊景觀，冰河、潟湖、原野、火山，還有噴泉等，所以被稱為「冰與火的國度」。

　　全世界唯一的冰河潟湖就在冰島。在冰島最知名的「瓦特納冰川國家公園」裡有各種自然奇景，算是冰島最自然、最大型的寶庫，而「傑古沙龍冰河湖」（Jökulsárlón）則是那些珍寶中最耀眼的寶石。

　　傑古沙龍冰潟湖，位於歐洲最大的瓦特納冰原東南部前緣的入海口處，所形成的天然潟湖。這座冰河湖是「無中生有」的，是溫室效應導致全球暖化，20世紀工業發展的結果。瓦特納冰原日漸融化，而形成我們現在所看到的冰河湖。

　　這些像藍色寶石的冰塊，是被海浪拍打推擠上岸的，他們錯落有致地暫時在沙灘上駐足、停留、暫時休息……與她們四目相對的每一刻都是浪漫的。

　　散步在黑沙灘上，遠遠就可以看到閃耀著迷人光芒的浮冰，超級藍色大冰塊，美得好不真實，簡直令人神魂顛倒，眼睛就像在天

堂漫遊。正因為這裡有世界上少數從陸地就可以到達的冰河湖，所以很多有名的電影都來這裡拍攝取景，像是《古墓奇兵》、《007誰與爭鋒》和《蝙蝠俠開戰時刻》等。

為何冰塊是藍色的呢？因為這些湖中漂浮的冰塊，都是高齡的歷年不化的百年「老冰塊」了，有許多部分已經沒有含氧了，導致顏色變成了藍色，且在日光的折射下，更加散發出神祕的冰藍光芒，帶給旅人們視覺上很大的難忘衝擊。

搭乘水陸兩用船，在冰河潟湖上享受獨一無二的光景的同時，還可以咬一口船上工作人員拿在手上所解說的大冰塊，用心咀嚼每一塊冰都有著屬於自己的「老靈魂」，似乎都在訴說著他們的生命氣質與獨特的故事。運氣好的話，還可以看到海豹悠遊其中。

還可以搭乘大腳越野車前往「米爾達冰原」，一路上隨著車子在冰原上行走、爬坡、下滑驚呼連連，書寫你的冰原歷險記……；旅人們不用擔心沒有穿靴子，這裡有免費提供的雪靴，保暖又止滑。

在冰島旅遊，一天之內我享受到「冰」與「火」的三溫暖衝擊。

冰島總約有130座活火山與死火山，一共有30個活火山系統貫穿全島，因此賦予冰島數不清的天然溫泉與間歇泉。世界聞名的露天溫泉——藍色溫泉湖（Blue Lagoon）便是冰島必遊的景點，因為它可是世界上最大型的露天溫泉。

Blue Lagoon地處黑色火山岩之間，附近有座Svartsengi地熱發電廠，而這裡的溫泉水其實就是天然地熱發電與海水發電後所排放出來的。據說是幾個工人在一次工程中，意外發現了這個驚世溫泉。

至於Blue Lagoon為何會是這樣充滿魅力的「藍」？是因為池水中富含矽、硫等的天然物質，所以呈現了湖水藍。

　　進入這座方圓三公里的收費露天溫泉湖，會拿到一個電子手環，這個手環很重要，得綁好套牢在手上，因為出入、或存放東西在衣物櫃，還有買食物，都要靠電子手環感應和計費。

　　而Blue Lagoon最出名的白矽泥，這裡有免費提供使用。這款護膚白矽泥，在這裡的商店和機場可是要價不菲，小小一瓶就要2,000台幣，所以，當然千萬不要放過這個免費護膚的機會。

　　白矽泥就在池邊　桶桶箱了裡，徒手挖起白矽泥就可以塗抹在臉上、身上，停留10到15分鐘之後再用溫泉水沖掉，皮膚立刻白裡透紅、吹彈可破；而且泡完溫泉後通體舒暢、展眼舒眉。

　　享受了天然的SPA後，又有更大的能量展開下一站的探險……。

　　因此冰島旅館裡的熱水打開會有硫磺的味道就不需感到意外了。

　　Geysir，冰島語是「噴出」的意思。Geysir這個間歇泉可是歐洲第一個被發現的噴泉——英國人登入冰島後第一次看到間歇泉，因此，英語的Geyser語源就是來自於Geysir。

　　間歇泉是溫泉的一種，因為地下水變成蒸氣，間歇地噴出而形成。由於二氧化矽的沈積與人為的破壞，現在Geysir已經不再噴發了；只能觀賞被稱為世界奇觀之一的「史托克間歇噴泉」（Strokkur Geyser）的噴發。

　　等待噴發的時間約是六分鐘以上，大概有高達60米高的水與蒸汽。如果你想拍照即時捕捉噴泉噴發的瞬間可不容易，至少需觀察兩次以上它的「蠢蠢欲動」，學會觀察噴水孔水的沸騰變化以及聆聽即將噴發的聲音，緊接著屏息凝神，且在旅人們發出驚嘆聲的前一刻，按——下——快——門，快準狠。因為噴泉一噴沖天，稍縱即逝……

　　正因為冰島具有如此多樣貌的美景，所以很多景點都成了電影公司拍片取景的首選，比如：2013年的勵志電影《白日夢冒險王》裡的男主角在片中到訪了冰島、格陵蘭、喜瑪拉雅山和阿富汗，事實上只有在冰島拍片，因為冰島就涵蓋了其他國家的冰山、大海和高山。

　　南岸的「史可加瀑布」（Skógafoss），就是電影中男主角在前往喜馬拉雅山時所經過的瀑布。這個瀑布又被稱為「彩虹瀑布」，因為冰島獨特的氣候，再加上這個瀑布的特殊位置與地形，瀑布附近在夕陽的照射下，時常可見一道絢麗的彩虹。這個瀑布屬於小而美，適合近距離觀賞，高度約60公尺，寬約25公尺。如果說她像是個平易近人的鄰家小姑娘，那麼「黃金瀑布」則是個高不可攀的絕世冰山美女。

　　「黃金瀑布」（Gullfoss），是冰島的第二大瀑布，也是冰島最美麗、最壯觀的瀑布之一，可媲美尼加拉瓜大瀑布。

　　為何會被取名為「黃金」？除了河水本身略帶黃色外；另一個原因是整座瀑布會在晴天的傍晚時被夕陽染成絕美的金黃色。

　　瀑布旁的山崖上是最佳位置的觀景台，旅人們可以在此近距離地感受瀑布流動的線條所賦予的蓬勃生命力。其難以言喻的美與震撼，吸引了各國的攝影高手前來朝聖，但我相信其作品也難以展現整座瀑布的動力之美學藝術。

　　另外還有一個「塞里雅蘭瀑布」（Seljalandsfoss），是因為《時尚玩家》節目主持人特別去體驗「沖瀑布」而在台灣更加有名。比起「史可加瀑布」，「塞里雅蘭瀑布」是較小，但最大的特色就是可以一直走進到瀑布的後方，就像個「水濂洞」。如果運氣

好，遇上好天氣，還會在水濂洞裡見到很多小彩虹。

2016年7月，香港知名攝影師蔡敏亮在「冰島」拍婚紗照，當地酷寒又風大，正在擺著撩人姿勢的新娘，突然頭頂上有架救援的直升機飛過，因為狂風四起，直升機差點削過她的頭，驚險一瞬間的畫面被攝影師捕抓了下來。這裡就是冰島有名的「地吼雷海岬」，顧名思義，可以想見其「狂風」。記得我當時在拍照時，連厚重毛帽也差點被吹跑。

「地吼雷海岬」是距今大約八萬年前因一場海底火山爆發而生起的120公尺高的海岬；另一個很有看頭的景點，是從火山噴出的地下岩漿而形成相當特別的玄武岩——風琴岩峭壁——而所以稱為「風琴岩」，是因為整排岩石長得就和傳統教堂的管風琴相似，況且它還是超級大型的管風琴。

被列為世界最美的沙灘之一的「火山岩黑沙灘」，也是蔡敏亮攝影師的取景點，在這裡還可以見到一架已經43歲的飛機殘骸。

1973年11月24號，一架隸屬於美國海軍的DC-3運輸機因為油料用盡，迫降於此，機上人員全數生還。飛機殘骸自此就被留在原地。

我很訝異這架飛機殘骸，並沒有受到特別的「保護」，遠遠還在車上見到它時，它的身上和機身裡或站或坐，有一堆觀光客在拍照；下車靠近它一看，竟還有「到此一遊」之類的簽名。

飛機殘骸出現於此，有一種難以形容的突兀而悲壯的悽愴之美……

*

冰島是北歐五國裡面治安最好的，犯罪率低的，大概很少有小偷扒手，飛這麼遠來犯罪吧！這裡很適合自助旅行，路上搭便車的人不少；警察不配槍，身上只有警棍。他們相信人性本善。「路不拾遺」在這裡是很平常的。

冰島人很友好，也可以想像他們的「隨興」，在冰島旅行你一定得知道他們的字典裡沒有「準時」兩個字。因為這裡的天氣變化很大，你有可能會在一天之內經歷下雨、下雪、起霧、颱風、出太陽，所以，遲到對他們來說沒什麼大不了，也因此，搭乘冰島航空延遲半個小時到一個小時都是正常的。

*

因為人口稀少，冰島政府鼓勵生育，未婚同居稀鬆平常。1999年，冰島前總統格里姆松在前妻過世不久，便在國家電視台宣布他又墜入愛河，也享受同居生活。他的女友搬進了總統府，也隨他出訪世界各國。對於這事，冰島人「像每天喝咖啡一樣自然」看待。旅行時，幫我們開車的司機，他未婚卻有三個孩子，三個孩子都是不同的媽媽。

和同居一樣，16歲以上生子都是合法的，所以在街上見到很年輕的夫妻，推著嬰兒車，也沒什麼好大驚小怪的。

冰島人表面看起來嚴肅保守，其實喝了酒後就變得開放而熱情。他們的性觀念很開放，是個把握當下的民族。

*

在夏季永晝時，在這個「全世界最北的首都」──雷克雅維克街上的酒吧到處可見年輕人喝酒狂歡，可以見識到他們大解放的一面。一夜情是很普遍的事，他們通常是發生了性關係之後，才決定要不要繼續約會交往。也因此產生了一個嚴重的問題……。

冰島人是歐洲唯一沒有姓氏的國家，他們的電話簿裡的排序是依照名字而非姓。人家也互稱呼別人的名，例如，他們直呼老闆的名、總統的名，而不尊稱某某先生、女士，這是因為冰島人是「從父姓」，而不是家族。也就是說每個人的名字後面，還會加上父親的名，之後再加兒子或女兒。例如：冰島足球隊中有一個貌似「雷神索爾」的型男，他的名字是──Birkir Bjarnason，Birkir是他的名，而他是Bjarna之子。

那麼問題來了，從冰島人的名字是看不出親戚關係的，加上人口稀少，很容易遇到和親戚發生關係的狀況，因此，冰島大學的三個學生研發了一款應用軟體，其中包含了冰島300年來95%居民的資訊，男女約會雙方時只要用手機查詢一下，立刻就能知道是否和對方有血緣關係，以此便可遏止尷尬的悲劇發生。

漫遊在雷克雅維克，可能因為陰天的關係，可以輕易感受到這座城市的孤寂，連吹過臉龐的每一陣微風、呼吸的每一口空氣，似乎都能全然釋放旅人們隱藏內在的靈魂，而與自己對話……

雷克雅維克，冰島語的意思是「冒煙的灣岸」。根據歷史記載，雷克雅維克建於874年，來自北歐的第一批移民抵達這裡後總是見到上空瀰漫著像霧一樣的水氣，他們以為這些山雲海霧是煙，

故以「冒煙的灣岸」命名。這個冰島最大的城市地熱能源豐富，全仰賴地熱能源，造就他成為全世界市容最乾淨的無煙城。

雷克雅維克地理上非常接近北極圈，是全世界最北的首都。整座城市坐擁著大自然的真誠回報。在2012年，成為冰島的經濟、文化和政務中心。

在極端的永晝與永夜的氣候裡，冰島人從抽象的藝術中去找尋寄託，這還可以從首都的兩大重要建築看出——Hallgrimskirkja大教堂和Harpa音樂廳。

Hallgrimskirkja大教堂，是冰島的最高建築之一，以其新穎的建築設計——像是管風琴結構，也有著「火山」的意象——成為首都最有名的地標。該教堂從1940年奠基，但施工過程的經費全靠教會籌集和信徒捐助，幾乎花了半個多世紀才完工。也因此可見該教堂對當地人重要的意義。

教堂前的雕像是冰島最偉大的探險家——Leifr Ericsson，這座雕像是美國贈送給冰島建國1,000周年的禮物，Leifr Ericsson是在西元1000年左右，第一批由歐洲前往美國探險的成員之一，據說他是第一個發現美國大陸的。

至於Harpa音樂廳其實早在2008年冰島宣布破產前就已經動工，陷入經濟困境的政府原想將地基打掉，但最終還是決定要排除萬難完工，並以此向全世界證明冰島將以此無價的藝術重新站起來。

音樂廳位於海港邊，水晶柱狀的外表結構，象徵了冰島的「北極光」，在陽光的照射下，建築外牆有著波光粼粼的藍色水波紋效果，與一旁的海港連結，又呼應了冰島的自然風光。

　　冰島的建築不但看重美學，實用與環保也是最先考量的。「珍珠樓」（The Pearl）位於市中心，原是一家熱水供應公司，因其兼具環保、設施完善、造型獨特具現代藝術風格，所以有時也會舉辦展覽，故而成為著名的旅遊景點。

　　珍珠樓中心像一顆透明的水晶球，穹頂是由1,176塊玻璃組成為半圓的樓頂，從上空看，水晶球體在周圍巨大的圓柱建築圍繞下，形成一朵綻放的花。

　　在四樓有一個觀景平台可以鳥瞰整座城市的全景。據說在冬天此處是欣賞北極光的好所在；旋轉餐廳在五樓，隨著景色的轉換，美食醞釀出城市多層次的味道，品嚐食材裡純粹又複雜的情感，每一口的咀嚼，都像是在旅行的巷弄轉彎處發現不同的風景。

＊

　　聯合國發布2016年《世界快樂報告》（World Happiness Report），冰島排名為第三快樂國家，可見銀行危機雖影響國家經濟，但冰島擁有高度社會支持的生活環境、治安又好，並不影響其「幸福」指數。

　　在雷克雅維克的街上散步，很少看到狗，養貓的人反而多很多，原來約在1880年發生了一場藉由狗傳染給人的包蟲病，所以，雷克雅維克在1924年下令禁止人民養狗。現在雖然只要飼主取得許可，並將寵物狗植入晶片、施打疫苗，就算合法，但也許陰影還在，養狗的人還是不多。貓咪不但成為首都人的首選寵物，竟然連紀念品店，幾乎都販售與貓咪相關的紀念品，所以，當你見到有著「貓咪統治雷克雅維克」（Cats rule the town.）標語的紀念品，也別

太意外了。此外，在紀念品店還有販售裝入了「易開罐」的冰島空氣喔！

　　回到台灣，下了飛機，進到洗手間，打開水龍頭，拿出水瓶準備裝水，才驚覺已經離開冰島了，關上水龍頭的同時，我將永記冰島甘醇且隨手可得的「自來水」，還有冰島人的人生哲學與生活態度……。

世界上最快樂的國家：「丹麥」不只「童話」

講到丹麥，第一個想到的是童話大師安徒生；接著便是嘉士伯（CARLSBERG）啤酒。

安徒生的《賣火柴的小女孩》、《醜小鴨》、《國王的新衣》和《豌豆公主》都是聞名於世幾乎伴隨每個人的童年成長的故事。他在生前獲得皇家致敬，被高度讚揚為「給予全歐洲的一代孩子帶來了歡樂」。

但其實安徒生的一生並不「童話」，然而也因其經歷與人格特質才能造就這位偉大的丹麥文學國寶。他出身貧困、沒受教育的父親，卻酷愛文學，經常唸故事給安徒生聽，算是他的文學啟蒙者；母親在家中為他搭起玩具劇場，並用讀過的作品給木偶做衣服。父親逝世後，他當過裁縫的學徒，還在香菸工廠當工人。據說當時有同事戲稱他是女孩子，還被脫褲子霸凌。他因為聲音好，在1819年被丹麥皇家劇院雇用，但卻受到冷落，不久嗓子壞了，沒了工作，差點餓死。後來受到音樂家和詩人的幫助，一邊當舞蹈學徒，一邊寫作。在皇家劇院主管的介紹下，當時的國王出資將安徒生送往文法學校深造，但他在學校不合群的表現，常受到責罵。安徒生將這些年描述為他生命中最痛苦的黑暗時期。

安徒生的很多故事被解讀為作者對愛情的渴望，具有自傳性質。安徒生內向害羞，不善於與女性交際，他曾單戀一個女孩數十

年，此外他也曾向幾個男人告白，但都無法得到回應。

　　所幸他比死後才成名的梵谷幸運多了，他的晚年受到政府的照料，在他逝世前，就已經開始準備為他樹立大型的雕像。目前這座雕像就豎立在哥本哈根羅森堡宮花園（Kongens Have）最顯目的位置；所幸在丹麥女王和聯合國教科文組織國際兒童圖書評議會IBBY的支持和贊助下，於1966年創設了具有「小諾貝爾獎」之稱的「國際安徒生插畫大獎」，今年（2016年）適逢此獎獨立頒發50周年，台灣有幸成為全球第一站。

　　丹麥因為安徒生而被譽為「童話王國」，但不知是不是認識了安徒生的成長背景生平後，當我親眼見到位於哥本哈根長堤公園的港口岩石上的「小美人魚」雕像，竟覺得她有些悲涼……尤其她比我想像中還要小很多。

　　不過還真不能「小」看這個高度只有1.25公尺，重量175公斤的小雕像，因為據說她可是全世界被拍照次數最高的雕像呢！所有的旅人很有默契地排隊，小心翼翼踏上岩石，或站或蹲在「小美人魚」雕像旁。

　　至於美人魚雕像是怎麼來的呢？嘉士伯創辦人的兒子──卡爾‧雅布克森（Carl Jacobsen）因為對童話故事為題材的芭蕾舞感到著迷，因此，在1909年時委託丹麥的雕塑家愛德華‧艾瑞克森根據安徒生著名的童話故事──《美人魚》為發想，而以其妻愛琳‧埃里克森（Eline Eriksen）為模特兒，雕塑了這尊美人魚雕像。

　　美人魚雕像於1913年8月23日正式公開亮相，而第一次出國則是在2010年，她遠渡重洋到了上海世界博覽會的丹麥館與外國人相見歡。

*

　　到了丹麥，一定不能錯過頂級純麥啤酒——嘉士伯啤酒，看著倒入杯中清澈金黃的酒體，一口暢飲，口感滑順濃郁，百分之百的純麥芽，配合當地的優質水質，釀造出絕佳的歐洲品味。

　　嘉士伯啤酒公司在哥本哈根的老釀造廠已開放觀光，前英國首相邱吉爾和女王伊莉莎白二世，曾先後參訪。

　　嘉士伯啤酒公司的負責人——傑克布森，還是個慈善事業家，哥本哈根的很多重要古蹟的修復或重建遇到困境時，他總是第一個跳出來疏財仗義，「可倫坡堡」和「腓德烈克古堡」便是最好的見證。

　　莎士比亞的《哈姆雷特》（又名《王子復仇記》），是莎翁作品中最負盛名和被人引用最多的劇本，可見其在英國文學的影響與震撼力。「可倫坡堡」（Kronborg Castle），就是《哈姆雷特》（Hamlet）的故事場景。

　　僅管莎士比亞未曾到過「可倫坡堡」，但莎翁卻將其筆下的人物在這座城堡裡盡情演繹。在劇中人物偽裝與真實的「瘋癲」中，其「悲劇」元素隨之流淌，人性裡的複雜——背叛、復仇、沉淪、墮落……。城堡北側的牆內還嵌有莎士比亞的半身像，據說這裡就是哈姆雷特遇見他父親鬼魂的地方。

　　「可倫坡堡」由丹麥國王波美拉尼亞的埃里克（King Eric of Pomerania）於1420年所建造。隔著松德海峽與瑞典的赫爾辛堡相望，曾在16-18世紀控制往來丹麥與瑞典的水路要道，扮演極重要的貿易角色。

　　「可倫坡堡」也是個歷盡滄桑的美人——1629年，遭到祝融，大部分的建築與文物燒毀，當時的國王克里斯提四世耗費鉅資重新整修；後來，城堡裡的文物被進攻的瑞典軍隊洗劫一空。直到「嘉士伯啤酒公司」出資贊助修復，才得以讓「美人」恢復昔日風采。進而讓「可倫坡堡」在2000年被聯合國教科文組織列為世界文化遺產。

　　名列為北歐最漂亮的城堡——「腓德烈克古堡」，屬於文藝復興風格的紅磚古堡其實是愛情的象徵，應該可算是皇室的婚戀關係裡最有心又昂貴的禮物之一了。

　　建於1560年的「腓德烈克古堡」當時只是一塊私人莊園，主人是海洛夫‧特羅勒，但是當時的丹麥國王弗雷德里克二世為了討好他所愛的蘇菲皇后，於是用一座森林寺院與海洛夫‧特羅勒交換他的莊園。弗雷德里克二世不但在城堡的兩邊加建了「皇后長廊」，以連接教堂和宮殿，還讓城堡橫跨人工湖上的三座小島，可見其大器。

　　丹麥國王克里斯提四世在17世紀時，將原本建築拆掉重建成他夢想中金碧輝煌、充滿荷蘭文藝復興風格的宮殿，之後這裡成為皇室最受歡迎的行宮。從1640-1840年，歷任丹麥國王都在這裡舉行加冕儀式。

　　1859年，「腓德烈克古堡」被一場大火燒毀，所幸當時嘉士伯啤酒負責人傑克布森自願出資全面整修，並協助政府成立「國立歷史博物館」留下了丹麥王國400多年的歷史資料。

　　離開「腓德烈克古堡」，華麗的視覺饗宴還在腦中迴盪，但更讓我敬佩的是傑克布森，一個生意人能夠成功展現其對社會的回

饋，他的格局、霸氣與文化底蘊在在值得宣揚。

＊

　　丹麥與「童話」和「快樂」相連結。聯合國發布2016年《世界快樂報告》（World Happiness Report），丹麥在157個國家快樂排行榜上位居榜首，成為世界上最快樂的國家。評分標準包括人均國內生產總值、預期健康壽命、社會支持、人生抉擇自由度、國家貪污問題及慷慨風氣等六項因素。

　　丹麥有著非常優質的福利政策、保障人民舒適的生活水準，所以他們可以在穩定的收入中找到安全感，貧富差距小，人民勞逸並重，進而擁有社會凝聚力，對政府也更具信任。未婚的同居男女和已婚夫婦一樣，享有平等的社會地位，也繳同樣的稅，其子女也都享有同等的福利待遇。人民之間就無所謂不平等的階級，當然就更能慷慨樂施，據統計有50%以上的人參與社會志願活動。

　　丹麥尊重每個人的人生自由選擇，曾有未婚的文化大臣，懷著六個月身孕，大腹便便會見外國記者代表團；這個在2012年成為全球第11個同性婚姻合法的國家，更有著「多元」的包容。受到前美國總統歐巴馬提名的駐丹麥大使——吉福德（Rufus Gifford）在2015年選擇於哥本哈根市政廳與獸醫男友結為連理。

　　屬於丹麥人的快樂已經內化在他們的日常生活中。

＊

　　新港（Nyhavn），建造於17世紀的新國王廣場（Kongens Nytorv）的海濱，是哥本哈根一個最熱鬧的濱水、運河和娛樂區，它最大的

特色是擁有建造於17和18世紀初顏色鮮豔的住宅。這裡的夏天到處可見當地人的「悠閒」——陽光、遊艇、露天咖啡座、餐館和木造船隻，以其撩人的姿態展現其繽紛多彩。

我在新港區優閒散步，我喜歡和美景在一起的我，好像又能看見「顏色」了，透過我的目光去瞭解整座海濱，找一個露天咖啡座放空，看來往的人們，也和自己對話。

＊

開放於1843年的「蒂沃利樂園」，北歐最古老的樂園，僅次於卡拉姆堡附近的「巴肯遊樂場」，是世上現存第二古老的主題公園。

蒂沃利的創建者——喬治・卡斯坦森告訴當時的國王克里斯蒂安八世：「當人民自娛自樂時，他們就不會考慮政治。」於是，國王給了他在西門外大約15英畝土地的使用權，讓他建造了這座樂園。1943年，納粹的支持者試圖毀掉許多「蒂沃利」的建築，但幾個星期後丹麥人又讓樂園恢復營業。充分展現了丹麥人的精神。

蒂沃利樂園不只是「樂園」，裡面除了遊樂設施，還有劇場、花園、音樂台、餐廳以及咖啡館，有時在特別的夜晚，還會在湖上施放煙火。所以，它其實是個綜合式的老少咸宜的樂園。看著當地人一家大小坐在草地上野餐，就算只是喝個啤酒，欣賞現場音樂表演都很過癮。

＊

走在哥本哈根的街上，也不自覺地「快樂」起來，如果還想讓

自己更幸福些，那就去拜訪在哥本哈根的海濱建造起來的最大的噴泉——「吉菲昂噴泉」（Gefionspringvandet）吧！這座「女神噴泉」可是當地人口中的許願噴泉。

原來這座噴泉可是有典故的。古代瑞典的戈爾弗國王，答應女神吉菲昂可以從瑞典的國土挖出一塊土地，但條件是只有一個晝夜。於是，吉菲昂女神把她的四個兒子化為四頭牛，用犁挖出了瑞典國土的一大塊，並把土地移到海上，就成為現在丹麥本土的第一大島——西蘭島。

旅人們還可以去參觀丹麥王室的冬宮——阿馬林堡（Amalienborg），廣場中間的雕像是建立城堡的「腓特烈五世」騎著馬的英姿。這座皇宮由四座宮殿組成，展現了丹麥最完美的洛可可風格。目前其中兩座宮殿開放給民眾參觀。城堡由皇家侍衛負責守衛，每天吸引上百位觀眾在哥本哈根街上觀看衛兵交接儀式。

另外，落成於2005年1月的「哥本哈根歌劇院」（Copenhagen Opera House），位於市中心的哈曼島（Island of Holmen），也是不可錯過的。他是世界上最先進的歌劇院之一，同時也是造價最昂貴的歌劇院之一——五億美元，建造工期長達四年。在歌劇院大門的入口廣場便可俯瞰整個海港。這一座金碧輝煌的音樂殿堂，裏面有號稱世界上最先進的聲樂設備，效果堪稱世界第一，其硬體設施足以滿足世界上任何一部歌劇的需要。

*

丹麥不僅「童話」，卻又不滿足於眼前的「快樂」，他們放眼於永續的幸福延續，因此早已關注環保的議題。

在哥本哈根古典氣派且立面華麗的「市政廳」廣場前，有一把尖刀高高插起一頭北極熊，乍看之下，感到很突兀，不知這個裝置藝術意義何在？

後來看到地下 "UNBEARABLE" 的告示，才知道藝術家是為了喚起人類對氣候變遷和全球暖化的重視，而且刻意利用正在快速銳減的「北極熊」，一語雙關──UNBEARABLE──無法承受、不堪忍受，提醒人類要盡早重視環保的相關議題。

其實早在2009年12月，哥本哈根舉辦氣候變遷會議，超過85個國家的元首或政府首腦、192國環境部長以及媒體齊聚。來自英國的著名雕塑家寇爾斯（Mark Coreth）在戶外現場鑿冰，雕出實際尺寸的北極熊，幾天後冰雕的北極熊逐漸溶化，到最後只剩下一灘水，親眼目睹過程的民眾多能強烈感受全球暖化的嚴重問題。

北極熊，是全球暖化的指標物種，牠們原本應該是居住在極地冰層，可是這些冰層到了夏天卻成了一大片海域，迫使牠們不得不在碎冰層裡想辦法求生，原本將近4,000頭的北極熊，在上個世紀90年代初期，只剩下一半。接著在冰層快速融化後，北極熊只能轉向內陸求生，由此可以預見人與熊可能產生的衝突。

*

社會學有所謂的「葛樹反應」──打動女人的關鍵是感情和連結，讓她以為你和她的感覺一樣強烈，且有共同的經歷，就能讓她卸下戒心。「丹麥」就是用她的情感連結打動了我──童話、快樂、享受人生、環保……於是，儘管山高水遠，但「情不知所起，一往而深」，我就是這樣愛上她了。

世界很大，旅行的回憶會成為一種強大的力量，而這個力量也會讓旅人們的內心世界逐漸變大且深深種進心底……。

我被「葡萄牙」迷惑了

　　去年意外發現我的歐洲旅遊拼圖居然缺了一顆「牙」……。慶幸2000年只去了西班牙，這次才能出發補「牙」去──深度暢遊葡萄牙，拜訪全世界最美證券交易所、車站、咖啡館、書店、圖書館以及多處世界文化遺產。

　　在時間的長河裡，人生收買了我，我收買了旅行……。

　　2017，我在葡萄牙北部面向大西洋的港口城市──波多（Porto），與可以列入我人生美好的「世界之最──」的「硬碟」相遇。

　　你能想像在新古典主義建築、內部裝潢如同奢華的皇宮裡買賣股票嗎？建於1842年，號稱世上最美的證券交易所──波多「證券交易所宮」（Palácio da Bolsa），目前被列為世界文化遺產，作為展覽館之用。這座古蹟，在19世紀中葉波多港口都市的商業十分繁榮，因此，波多的商會籌設了這間交易所，既可進行股票交易，又能接待外賓，故而不難想像其氣派風華。

　　在交易廳有典雅的家具、畫作，走廊兩旁是歷任國王和王后的畫像；中庭上方氣勢非凡的八角形的金屬穹頂，穹頂下部圍繞著當年在此交易的26國的國徽作裝飾；沿著華麗的樓梯往上走可是貴賓區，天花板上全是華美的壁畫；迴廊的人像雕刻都是歷屆掌管交易所的政治人物。我想像著當時在這裡交易的商人，不是銅臭熏天、利令智昏，而是充滿藝術氣息的優雅紳士呢？

　　走進金碧輝煌的VIP交誼廳，簡直像是走進了「凱薩琳皇宮」的接待交誼廳；而最有名的卻是當年經常舉辦音樂會的「阿拉伯大廳」，其金光奪目讓我第一個想到了西班牙的「阿罕布拉宮」——華麗的阿拉伯式雕花和摩爾風格的圖案，異國情調相當濃厚。

＊

　　葡萄牙豐富多彩、強烈又充滿張力的瓷磚藝術，可是享譽世界的藝術經典。葡萄牙的瓷磚藝術起源於西班牙，16世紀初傳入葡萄牙，最早瓷磚多是摩爾風格的幾何圖形，也因受到義大利和伊斯蘭建築的影響　　豔麗多彩；17世紀受到荷蘭台夫特的「藍色陶瓷」影響，其風格成就了今日獨特的「藍色瓷磚」；18世紀義大利的繪畫技法引進後，充滿故事性畫面的瓷磚取代了幾何圖形的瓷磚，這從曾被葡萄牙殖民的澳門的建築風格最能看出；19世紀有巴西移民引入機械式的大量印製技術後，葡萄牙人再度發展手繪花磚技術，至今廣泛流傳，無論是居家用品、紀念小物，還是教堂、王宮的建築外牆，都能見到無所不在的藍色魅力。

　　我在希臘的聖托里尼小島見識過最美的藍與白，沒想到與藍白的奇蹟又在葡萄牙重逢。邂逅建於18世紀初「阿瑪斯教堂」（Capela das Almas），這座教堂是用當地特有的藍白色花磚所砌成，最獨特的就是整片的藍白瓷牆面。這座百年的藍瓷磚教堂美得像幅畫，我不懂那些藍磁所拼貼的圖畫代表何種宗教意涵，但我懂得藍白藝術在這裡發揮了極致。

　　外表像法式皇宮的「聖本篤火車站」，建於101年前，是由修道院改建而成，被譽為世界最美麗的火車站之一。20世紀初重建，

1916年啟用。

　　法式風格外觀已讓人嘆為觀止，走進火車站內更令人瞠目結舌。裝飾著精緻藍白色陶瓷磁磚牆面的大廳，有兩萬幅藍彩瓷磚畫，用藍與白訴說著葡萄牙的歷史故事，共花了11年完成。每一面都在說故事，有葡萄牙人的日常生活、戰爭的英勇事蹟，還有重要的歷史戰役。

　　據傳J. K. 羅琳《哈利波特》中的「王十字車站」雛形，並不只以英國為主，反而是這座在波多市中心的「聖本篤車站」，所以，想尋找J. K. 羅琳筆下的九又四分之三月台的旅人們，可以往車站內部的月台去探訪，想必月台前的立柱，一定也提供了作家想像的馳騁空間。

＊

　　被稱為世界最美十大咖啡館之一的CAFE MAJESTIC，創始於1921年，從古至今就是知識份子、藝術家與名媛們的聚會場所。據說J. K. 羅琳在波多任教時，也經常光顧。我甚至可以想像她在這裡寫作時構思了多少《哈利波特》的情節。

　　一走進Cafe Majestic，其歐洲宮廷式的華麗裝潢實在令我瞠目結舌。長型的室內空間像要將我帶回上個世紀。室內鏡子滿布，在鏡面的多重反射下，高貴吊燈的燈光映射，將鑲著金邊的木頭裝潢以及各種精雕細琢的雕刻品襯托得更增華美，高貴的氛圍不言而喻。在一杯咖啡的時間，坐在復古帶有光澤的皮椅上，細心啜飲每個細節。

＊

不容錯過的還有名列世界最美書店——Livraria Lello萊羅書店。

這間創業於1906年的百年書店就在波多大學旁邊，你想錯過都不容易，因為書店門庭若市，大排長龍，已是觀光客朝聖的必遊景點。

進入書店前要先花四歐元購買門票，再到門口排隊，店員會控管店內人潮，若人潮擁擠會採一出一進方式入內。門票只能折抵店內書籍類消費，文具類商品不在折抵範圍。書店內可拍照，每一幕都會讓你連拍不絕，就連每根樑柱上精美的細緻雕刻都很吸睛。

走進這間新哥德式建築的書店，華麗的裝潢最令人難忘，如果說我們的「誠品書店」是個熱情奔放、笑容洋溢的女孩，那麼「萊羅書店」則是個嫻靜含蓄、五官典雅精緻的女孩。

書店中央的樓梯，是這間書店的最大特點。設計巧妙的彎曲弧度，如行雲流水。握著木造的階梯把手，圓滑的手感都傳遞著「氣質」；每層階梯都刻有精美的雕飾；上到二樓，抬頭舉目，可以更近距離地欣賞彩繪玻璃天花板，而這座天花板則把兩層樓高的書櫃襯托得更為高雅。

在書店裡隨意拿起一本書，環繞四周，美得不可思議，彷彿走進了哈利波特的魔法世界。1991年，J. K. 羅琳在這裡的一所英語學校任教，據說也是書店的常客。我想像著J. K. 羅琳在這裡與前夫相遇、相戀、結婚生女，到最後決定離開爭執不休的低品質婚姻，這短短的兩年多在波多的時光，這間書店是否或多或少帶給她精神上的寄託呢？

書店雖是小巧，卻也在有限的空間裡規劃了閱讀的角落；若你還想在書香包圍中來杯咖啡，那麼就在二樓的小咖啡廳為自己找一個靈魂暫時安放的位置吧！

這家百年老書店有著獨特的魅力，值得旅人挖掘收藏。

*

第一位葡萄牙國王阿方索最早建都的孔布拉（Coimbra），目前是葡萄牙第三大城。這裡的孔布拉大學，是葡萄牙最古老的大學，設立於1290年，享有葡萄牙「牛津」的美名，是全世界最古老的五所大學之一，在2013年被列入世界文化遺產。

從市區有一條名為「斷背坡」的捷徑，可以通往老城區內的孔布拉大學。早期因為沒有階梯經常有人不小心就從陡坡的山坡上摔下，因此得名。現在有階梯可以拾級而上，但這可不是普通的階梯，她可是葡萄牙的第一個階梯，用心品味一路上濃厚的學術氣息，迴盪於校園間的青春氣息融入於「摩爾」建築中。沿著阿拉伯風味極為濃厚的老住宅區往山丘上走，俯瞰這座超越了700年發展的城市，狹窄的街道、歷史建築與文化氛圍，都在巷弄間呢喃著。

在山下通往孔布拉大學的階梯，有兩個頗具意義的雕像。當時只有有權有勢的王公貴族子弟可以到此就讀，因此出現了很多隨身女僕，這些女生要幫忙處理主人所有家務，例如：到河邊洗衣服，工作相當繁重而辛苦。另一個代表葡萄牙傳統音樂的——Fado，雕塑家特地在琴頭上設計了一個女人頭像，也是紀念曾經經歷過「悲苦」年代的女人——等待出海捕魚的丈夫返家或者丈夫航海發生意外，她必須獨力撐起家計。這兩座雕像正是紀念這些偉大奉獻的

女性。

孔布拉大學於1888年招收第一個女生。目前約有70%是女學生，60%是外國學生，可見其女力時代的開展。

大學裡最有名的是1728年完工的「瓊寧圖書館」，以前是皇室的圖書館，所以可以想見其氣派的內部裝潢，當然被選為世界前十人最美的圖書館也就更實至名歸了。

圖書館的每個參訪梯次都有固定時間和人數限制。為了保護藏書，入內是不能拍照的。這裡的藏書也都是古董級的，可不能隨便外借，連學者都必須經過申請手續，才能在館內翻閱。書櫃上貴氣十足的暗色燙金精裝本，有一種高不可攀的傲氣。

在館內參觀我感覺像是穿越時空來到了中古世紀，不但館藏豐富，小至空氣中凝結的古籍書冊味，大至牆壁、大花板書架裝潢都是值得佇足咀嚼的。富麗堂皇的巴洛克和洛可可風格是主要的基調，分成三個房間以拱門相通。

在圖書館裡最特別的是有一家子蝙蝠房客住在這裡，牠們是唯一可以隨意進出圖書館的，因為牠們肩負著消滅書蟲的超級任務。也許旅人幸運的話正好可以見到牠們從門窗縫隙跟你打招呼。

在校園裡還有個關犯規學生的監獄，也是可以參觀的。當時凡是對師長不敬、不守校規的同學都會被抓到這裡，現在的「學生監獄」裡還可以看到有一條長溝的廁所，方便如廁。但是這些同學還是擁有受教權，管理員會按照正常上課時間帶他們去上課，下課後不能有任何活動，又要被帶回來限制自由，以茲警惕。難怪孔布拉大學近百年來造就了許多知名政治家、學者和名人。據說迄今學生仍維持穿黑袍上課的傳統。我在醫學院中庭就見到三個穿黑袍的學

生迎面而來，原來是來兜售他們學校的紀念筆，一枝兩歐元。

校園裡有一座被稱為「山羊」的鐘樓（Tower of the university），時刻提醒學生時光荏苒，要同學把握時間認真向學；而「聖米迦勒教堂」（Saint Michael Chapel），除了讓師生充實自我求取知識外，連心靈的撫慰與寄託都可以得到滿足。教堂裡的座椅都是皮製的，古味十足，顯得格外莊嚴肅穆。

*

葡萄牙民族詩人卡蒙埃斯形容「洛卡岬」（CABO DA ROCA）是：「世界的盡頭，海洋的起點。」這裡是歐洲「最西」點，面對浩瀚無際的大西洋，不自覺更加縮小了自我。

我到過南非「好望角」、挪威「北角」，這是第三張蒐集到的值得永久珍藏的「歐洲極西點證明書」，覺得辛苦的舟車勞頓瞬間都值得了。吹著海風，想起幾日來讚頌的歷史「遺物」，想起蘇軾：「大江東去，浪淘盡，千古風流人物。故壘西邊，人道是，三國周郎赤壁。亂石崩雲，驚濤裂岸，捲起千堆雪。」在這場歷史饗宴中，見之不忘，思之如狂……。

原載於《今日生活》，2018年3月、6月，第427、428期。

「葡萄牙」收買了我

葡萄牙有一句俗語：「里斯本人愛炫耀，孔布拉人勤於唸書，布拉加人專注祈禱，波多人努力工作。」的確，我在里斯本見識到各種建築藝術都極力「炫耀」著葡萄牙曾經偉大的航海時代。

滿溢航海榮光的「里斯本」（Lisboa）

「里斯本」是個滿溢著葡萄牙昔日光榮航海歷史的城市——帆船造型的「航海發現紀念碑」，是葡萄牙人在15至16世紀「航海時代」出海的地方；據說達伽馬啟程至印度的前一晚曾在「傑若尼莫修道院」祈禱，最終他也回到這裡安眠；紀念達伽馬成功航海世界一周的「貝倫塔」，從最早的防禦功能、到用作海關、電報站、燈塔、監獄。據說，那時的重罪犯人就被關在最底層，當潮漲時，犯人就直接被淹死——這些重要的地標聳立於此，記錄葡萄牙的航海冒險的全盛輝煌，就像酷似舊金山大橋的「4月25日大橋」（Ponte 25 de Abril）凝望著晝夜奔流的「太加斯河」給予最崇高的敬意。

「海上威尼斯，陸面里斯本」——和里斯本百年歷史電車的美麗邂逅

搭乘里斯本的電車緩緩穿梭在蜿蜒的大街小巷中，是最能接近

葡萄牙的優美首選。我搭上銘黃色或玫瑰紅的復古電車，隨著南歐的慵懶陽光游移於新舊交織的城市中，輕易就能感受自己「活在最舒服放鬆的位置上」。

最受歡迎的28號懷舊電車，一路從馬琴莫妮斯廣場（Martim Moniz Square）開到普拉澤雷斯區（Prazeres District），行經許多景點。在一個小時的行駛中，可以見到電車跟其他交通工具一起等紅綠燈；努力在超級狹小的街道上下起伏；甚至在坡度高達14度的小巷內轉彎和甩尾；幸運的話遇上兩輛電車交會而過，是個難忘的初體驗。

在里斯本最高點的聖喬治城堡（Castelo de São Jorge）站下車，造訪百年城堡後，再到Miradouro Largo Portas do Sol全景露台來杯咖啡，湛藍的太加斯河（Tagus River）襯托著阿爾法瑪區的靜好景觀，一覽無遺。

之後，再度搭上電車，轉入阿爾法瑪的中世紀街道，途中還可見到當地居民實際的生活樣貌——提著菜籃的八卦婦人、叼著煙的男人側身禮讓經過的電車、住家陽台上曬著的各色衣物。到了終點站Campo Ourique，這座全年無休的市場，尤其聚集了當地人前來採買蔬果魚肉，傍晚時分，這裡又成為年輕人聚會用餐的場所，青春洋溢，正如這座繽紛之城。

揮灑愛情的浪漫——「奧比多斯」（OBIDOS）和「佩納皇宮」（PENA）

有權有勢真的是可以任性揮灑浪漫的。1210年，國王阿方索二

世為了表示對皇后的愛意，特別把享有「中世紀露天博物館」美譽的「奧比多斯」（OBIDOS）小城送給她，自此皇后便經常到訪；1441年，阿方索五世與他的堂妹——伊莎貝拉也是在小城的「聖瑪麗教堂」舉行婚禮，因此，「奧比多斯」還有「婚姻之城」的美稱。

中世紀的壯觀羅馬水道橋延伸到城門，城牆圍繞的迷你白色小城堡，巷道全是大小石頭砌成，穿梭在紅瓦白牆中，每個角度都有不同的魅力。走在古老的鵝卵石路上，所有感覺也跟著浪漫夢幻起來。露天咖啡座飄來的陣陣咖啡香，還有小巷裡紫紅的九重葛和橙樹的香氣，街頭有藝人奏出悠揚的琴旋，隨著載送旅人的馬車達達而過。

沿路上都可見店家在店門口擺攤販售「櫻桃甜酒」，Ginja，是葡萄牙相當普遍的甜酒，酒精濃度10-15%。有人單喝，也有人把櫻桃甜酒放在用巧克力製成的酒杯裡一飲而盡，接著再就著杯裡殘留的酒，將巧克力整個融化在嘴裡。法國女人都說：「心情不好就巧克力一下。」我想說：「想要心情更好，就非得『櫻桃甜酒』一下。」

英國詩人拜倫筆下「人間伊甸園」說的則是「佩納皇宮」（PENA），是國王費爾南多二世在妻子生了11個孩子過世後，和一個德國歌手相戀，在1840年於「仙達」的山頂打造的夏宮，並且和新婚妻子住在這座如樂園的快樂城堡。佩納皇宮融合了伊斯蘭、新文藝復興、新哥德、新曼努埃爾（編按：新曼努埃爾[Neo-Manueline]風格和「新文藝復興」、「新哥德」一樣，是一種出現於19世紀的復興建築風格，其源頭是16世紀葡萄牙的曼努埃爾風格）等各種建築特色，造就了這座19世紀浪漫主義的彩色繽紛夢幻

宮殿，被稱為「葡萄牙七大奇景之一」。她就像德國的「新天鵝堡」，有一種璀璨的迷離之美。1995年，宮殿作為仙達文化景觀的一部分入選為世界遺產。

杜羅河谷遊船——世界文化遺產成為我的佐酒大菜

長187公尺，奇偉半圓形的「路易一世橋」，至今仍是跨越杜羅河（Douro）兩岸最大的鐵橋之一，是由巴黎艾菲爾鐵塔設計師艾菲爾的學生所設計。右岸擁有彩色磁磚外牆、充滿歷史韻味依山而築的房舍建築；左岸則有將百年酒窖改為餐廳的各家酒莊。各式招牌招攬著旅人參觀品飲。當旅人踏入杜羅河谷（Douro Valley），不但將微醺於酒莊裡釀造的美酒，同時也會被酒鄉的田園美景迷醉！

杜羅河谷之於葡萄牙，就如同波爾多之於法國。昔日杜羅河谷所生產的美酒佳釀，大抵經杜羅河船運至第二大城——波多，再外銷至其他地方，所以，葡萄牙的「波特酒」（Port Wine）名稱就是源自於「波多」。

拜訪仍沿用傳統古法釀酒——堅持腳踩葡萄，杜羅河谷最著名的酒區——拉梅古（Lamego）的QUINTA DA PACHECA酒莊，每年9到10月葡萄成熟時，到訪遊客可當一天釀酒工人，最後可換得無限暢飲。參觀酒窖時，正好見到服務生正忙著籌辦下午戶外婚禮後的晚宴，長條桌上講究的杯盤，想必會是賓主盡歡的婚宴。

我專心品酌，因為波多酒可是在大不列顛軍隊在正式場合中拿來跟女王舉杯的葡萄酒呢——「『一杯波特』喜相逢。古今多少事，都付笑談中。」

入境隨隨——到「布加拉」和「法蒂瑪」誠心祈禱

抵達布拉加，走路上山往羅馬天主教朝聖地——「山上仁慈耶穌朝聖所」而去。上山轉彎後，立刻被爬升116米的「之」字形台階給震懾。巴洛克風格的曲折階梯一路延展近一百多公尺到山頂的教堂，很是特別。

圍繞著教堂與階梯上的聖者雕塑，可以感受宗教的莊嚴；沿著階梯的噴泉，似乎也淨化了旅人的思想；還有以聖經故事為主題的小聖堂，即使你不是教徒，也能讓你暫時感到心靈的平靜。居高臨下，也飽覽了「布拉加古城」的美景。

漫步在這座葡萄牙宗教色彩最為濃厚的「布拉加古城」，洗滌全身心，之後，搭乘伊比利半島上最早的纜車下山，原來以前的人好聰明已經懂得利用水力發電。

我還去了充滿神跡的天主教最著名的宗教聖地——「法蒂瑪大教堂」（Fatima）朝聖。1917年5月13日，三個分別是七歲、九歲和十歲的小牧童在橄欖樹下玩耍時，突然聽見聖母瑪莉亞交代他們每個月的13號都要去找她。聖母先讓小孩看到地獄的景象；接著預測若望保祿二世會被刺殺；也預言第一次世界大戰會結束，二戰又會開始。村民不相信小孩所言，直到10月13日一個大雨天，村民們跟著小孩去見聖母，當時只有村民站著的那一塊地方陽光穿過烏雲而來，四周都還在下著大雨。且聖母所預言的之後也果然成真，只是刺殺教宗的子彈卡在了他頭上的皇冠，他逃過一劫，因此，若望保祿二世生前就到此三次，他堅信是聖母在保佑他。2016年，有個來

自巴西的小男生，因為從高處跌落，身心都受創。母親帶他到此見過教宗，三天回到家後，小男生痊癒了。

教堂戶外區有一段柏林圍牆，是一個德國葡萄牙裔人的後代特別將倒下的圍牆一小塊放在這裡留存，告誡人們戰爭的可怕，人與人之間應該要有「橋樑」連接溝通，而不是用「圍牆」隔絕。

令我讚嘆難忘的，可能是被列為世界文化遺產的葡萄牙的發源地——「吉馬拉斯」（Guimaraes），16世紀時就已出現水渠等大規模城市建設規劃與17世紀的防禦工事的修築痕跡，這座獲選為「2012年歐洲文化之都」的城，教堂、古橋、古堡、城池、貴族別墅、噴泉種種的人類遺跡，以其所屬的歷史場域等候旅人到訪；可能是在阿維羅（AVEIRO）搭上繽紛多彩的摩里西羅（moliceiro）彩繪船，遇上的那個熱愛工作，又唱又跳，把快樂的幸福能量傳遞給旅人的船長；也可能是沿著運河散步，欣賞連接著橋樑的迷人運河、充滿歷史底蘊的古蹟教堂、如詩如畫美麗海灘，時間變得緩慢而擄獲人心；可能是以抵抗拿破崙軍隊入侵而成名的「阿瑪蘭蒂」（Amarante），塔梅加河貫穿老城的中心，襯托河岸兩旁的建築更顯端莊秀麗，卻又有身處夢境的浪漫；可能是馬爾旺（Marvao），被紐約時報旅遊暢銷書——《死前必去1000個地方》納入其一，櫛比鄰此的白牆橘瓦，在山間跳舞，腳踩石板道，在如迷宮般的街道巷弄轉身，彷彿置身在希臘的「米克諾斯」還是馬祖的「芹壁」？

令我魂縈夢牽的，可能是波多舊城「聖克拉拉教堂」（Church of Santa Clara）極致的木工工藝的繁複雕工；可能是航海新發現帶給騎士團龐大的財富，故而留下在12世紀動工，17世紀完成，綜合羅馬式、哥德式、曼努埃爾（編按：曼努埃爾 [Manueline] 風格有

時也被稱作葡萄牙晚期哥德式風格，是指葡萄牙16世紀在曼努埃爾一世統治時發展起來的奢華建築風格，其中融合了海洋元素以及達伽馬等人在航行中的發現，反映大航海時代葡萄牙的強盛）和文藝復興時期的極盡華麗的——托馬爾（TOMAR）的「基督修道院」（Convento de Cristo）；可能是在波多「主教堂」的外面廣場，遠眺城市美景；可能是在聽到葡萄牙的「命運」之歌——法朵FADO（葡萄牙語「宿命」之意），其悲愴的旋律，會讓我想像那些與大海、水手或貧困的人生有關的故事；可能是在葡式蛋塔創始店——里斯本貝倫區Pastéis de Belém咬下的那一口剛出爐的外皮酥脆的蛋塔。相信日後只要有機會再與波特酒「對飲」，定會想起在葡萄牙的每個難忘如「波特」果香口感的瞬間，是如何開啟了我的味覺小旅行……

　　　原載於《今日生活》，2018年9月、12月，第429、430期。

不可思議的繽紛「摩洛哥」

　　年少時讀到三毛的《撒哈拉的故事》也想去流浪、也幻想浪漫的愛情；之後，看過《北非諜影》就愛上了「卡薩布蘭卡」。對於旅行我是充滿貪念的，到南非追尋野生動物，就也想去北非看沙漠；在埃及的撒哈拉沙漠搭四輪傳動車、騎駱駝，就又想去拜訪有別於黃土飛揚的摩洛哥的火紅沙漠，也想和「小王子」一樣可以在沙漠中過夜。電影《同盟鶼鰈》中男主角跳傘降臨沙漠、男女主角在沙漠看日出……因此，被稱為北非後花園的「摩洛哥」（Morocco）便在我腦海中揮之不去地盤旋──華麗眩目的阿拉伯宮殿、浩瀚無垠的世界最大的沙漠、駱駝群在黃沙大漠中行走、夢幻誘人的香料、天方夜譚的迷離古城、繁忙擁擠的夜不眠市集、繽紛驚豔的染色巷弄──念念不忘，必有迴響。

　　老爸即將邁入80歲了，我說服著他，讓我帶他同遊：「那跟我們去埃及騎的駱駝不一樣喔？你想想看我們穿越一大片的火紅沙漠，然後坐在精美的地毯上，等著眼前金黃色的整顆夕陽，在沒有任何遮蔽物下，就在我們眼前落下。」

　　於是，決定跟團出發，迎接摩洛哥的熱情招喚。

天天天「藍」的契夫蕭安（Chefchaouen）的兩段奇遇

　　來到「契夫蕭安」，整片藍色的門扉搭配白牆的屋子隨即映入

眼簾，讓我想到了希臘的聖托里尼；而紅色的波浪形瓦屋頂的建築風格，則讓我想起了西班牙的安達魯西亞。

這座浪漫又美麗的小山城之所以有這樣特別的「藍」，是有兩個說法的：據說500多年前猶太人和穆斯林為了逃離西班牙人的統治，就在這偏僻的山谷裡建了這座似乎與世隔絕的小城。他們將所有建築都漆上藍色，因為猶太人把藍色視為天空和天堂，也有和平的象徵。另外一個說法是當地人為免蚊子滋生，故將房子塗上藍色，以降低整座城的溫度。

漫步在這座依山而建的恬靜小城裡，你會相當願意就迷路其中。崎嶇不平的小路、起伏彎曲的巷弄、街邊睡覺的慵懶小貓、店家銷售的藝術品就掛在藍色的巷道牆面上，時間似乎就可以在這世外桃源停格，難怪會被入選為全球十大特色小鎮，實至名歸。

在「契夫蕭安」所有「藍」的圍攻征服下，我被一座綠色馬賽克的水池和建築給吸引。為老爸拍照時，遞給坐在一旁牆上掛著地毯的男子微笑，男子起身走向我，招呼著我們進室內，並且指著店門口寫著中文的小字板：「登上露台，免費參觀」。我其實擔心有詐，生活教會我：天下沒有白吃的午餐，可是我又很想冒險賭看看。

我和老爸跟著他進到店裡，隨著他的手指指著前面，果然看到了一個通往樓上露台的樓梯，樓梯旁有一張雙人床。他讓我們自己上樓，往回走前還叮嚀我們：上樓梯時要小心頭。

當我和老爸一上露台，便被眼前的美景驚呼，這裡擁有270度環顧整座城的絕佳視野。

在我們還沈浸於美景其中時，男子也上了露台，我大力讚美和感謝他的好意，才知原來之所以他英文那麼溜，是因為曾在美國和

加拿大待過，他說他很喜歡交朋友；我問他是否到過台灣？他說他開這家店已經21年了，從沒再出過國。

我跟老闆說他真幸福，每天可以置身在這樣的美景中。我們和他合影留念，感謝這樣的萍水相逢。

下樓離開前，老爸提議是否跟他買個東西？我們快速看了一下店裡的東西，都是大件的地毯，實在無法帶走，今天才只是旅行的第二天啊！老闆整理著他的貨，也毫無推銷之意；再次對老闆表達感謝，揮手道別時，我想，這也絕對是摩洛哥帶給我最美麗的一道風景；我同時轉頭跟老爸說：「還好您跟我來了，不然我一定很想進去，又會怕危險，可能就見不到那麼震撼的美景了。」

走在「契夫蕭安」，會聽到不少當地人用中文「你好」打招呼，原來強國人聞到了旅遊商機，準備在這裡大興土木開餐館、蓋房子一條龍迎接龐大的中國觀光客。

我在心中感謝這位老闆，在我已經被社會化那麼深之後，還能在這座即將要被商業化的小城裡找到人情的可貴與真誠。

＊

我習慣每到一個地方總要留些時間在最熱鬧的廣場找一家咖啡館坐一下。距離團體約定的時間還有一小時，我跟老爸說我們再往山上走一段就回到廣場去。

我和老爸抓緊時間沿著巷弄往山上走，突然有個身著紅外套的小女孩主動過來跟我說：「你好。」接著用英文問我要去哪裡？我指著前方問：前面是否有往下通往廣場的路？她說沒有，但卻說前面有一個很棒的景點，接著用中文說：「走吧！」

　　我們跟著她，途中還拍了合照，後來突然又冒出兩個比她大的女生，叫我要小心她，並且比畫著從口袋拿東西，示意是個扒手；她也不甘示弱用他們的語言回擊。我制止她們不要吵架，並要她們說英文。她們繼續用我聽不懂的話吵完後，最大的女孩又說：「走吧！」

　　我們五人繼續往前走，遇上美麗的景緻就拍了合照。我問她們，要多久才能走到她們說的絕美景點？此時最早那個女生指著遠方的鐘樓說：只要15分鐘；我很懷疑也不想惹麻煩，於是婉拒，準備離開。

　　這時她們開口要錢，我很掙扎該不該給她們錢，這對小孩來說會帶給她們錯誤的價值觀，最後，我想使用者付費，她們原本也想帶我們去個景點。我正好還有零錢，決定給她們一人一塊錢，並告訴她們不能再吵架，這時她們倒是很團結了，拿到一塊錢後，異口同聲央求說要兩塊錢。我的零錢包裡只剩一個銅板，我打開包告訴她們沒有了，其中一個眼尖看到一歐元，馬上喊了出來；我說不行，那是我等會要去廣場喝茶的錢。她們馬上臉色一變，若無其事離開，連聲道謝和再見都沒有，又去尋找下一個目標。

　　下山時，有些感慨，難以想像在這座曾經與世隔絕的美好桃花源裡，有多少純真的孩子正慢慢被汙染⋯⋯。

　　到了廣場，老爸說找個椅子坐下來就好；我說不行，我帶你去喝當地的薄荷茶。老爸那一輩就是努力存錢養大孩子，就算有能力花錢了，也捨不得花。選了一家咖啡廳，我和老爸坐在戶外，悠閒地喝著薄荷茶，一邊討論著剛剛的奇遇，一邊拿起手機幫老爸拍照。我想，就算他以前參加警察局辦的旅遊活動出國，一定不曾這

樣坐在咖啡座額外花錢點東西。我看得出他是開心的，一杯茶的短暫時光給了我們父女難忘的時刻，這恐怕是他的初體驗呢！

＊

　　清晨5點在「喚拜聲」中醒來，有一種平靜的幸福感。收拾即將道別的心情，要將這裡的「藍」用心備份，儲存在我的記憶硬碟裡，日後，再見各種層次的「藍」，想到的除了希臘的聖托里尼，還多了摩洛哥的「契夫蕭安」……。

一生必遊的撒哈拉沙漠（Sahara Desert）

　　從撒哈拉沙漠出發的路上，沿途將會經過摩洛哥媲美美國大峽谷的壯觀的第一山峰MT. ATLAS，來到撒哈拉大漠之門戶──厄夫，就似乎聞到空氣中有沙漠的味道，這是一個盛產化石的城鎮，沿路可見掛有化石標誌的招牌。

　　換搭四輪傳動的吉普車，展開沙漠的探險行程，車子在沙漠上馳騁，忽而往上爬行，忽而急速下坡，旅人們起伏的吶喊都增強了司機的駕駛熱情。

　　騎上駱駝，心情跟著駱駝群行走在浩無際涯的沙漠而平靜，隨著地形的變化，遠處可見起伏不定，又平坦連綿的沙丘。

　　在沙漠裡，可能這一秒狂風沙塵迎面，飛沙走石在昏天暗地的中如世界末日的刺激；也有可能下一秒沙暴過後立馬呈現湛藍天幕給旅人讚嘆；也或許在下一個恍神，眼前似乎出現夢幻的海市蜃樓。在狂暴與溫柔之間，展現說不出的魔力。

我們今天好運氣，遇上萬里晴空的好天氣，得以見識到太陽變化多端的顏色，從白天金黃到黃昏的橘紅。坐在精美多彩的毯子上，遠望無垠的大漠；到夜幕低垂，滿空的燦爛星光；再到隔天趕在日出前起床，在一片未亮的黑暗中，屏息等候一絲光線打破眼前的寧靜，在毫無任何遮蔽物的廣袤中，冉冉升起的金黃色太陽，緩緩將整片沙漠照亮得更為黃橙。我的心在此時完全被融化了，親手撫摸這片土地，抓起一把在指間傾瀉流下，感動的迷人瞬間將在旅行的記憶裡永恆定格，難怪三毛會在撒哈拉沙漠種下了愛情的種子，且念念難忘，我想起了她在《撒哈拉故事》裡說的：「每想你一次，天空飄落一粒沙，匯成了撒哈拉。」這種大自然的神祕力量，只能會意不可言傳。

最辛苦的是駱駝夫，要控制駱駝，還要幫旅人綁頭巾、取景找角度拍照，別忘了至少給他們五歐元小費。如果跟團旅行，領隊說要統一收小費一起給駱駝夫，絕對不建議。因為駱駝夫說小費都沒有到他們手上，我相信層層剝削下來，最底層辛苦的他們鐵定沒有拿到那麼多。一趟沙漠之路走下來，跟駱駝夫會有一段情感連結，親自奉上小費是最好的選擇。否則最後他要推銷東西，你不喜歡，不想買也會有壓力。

美食療癒舟車勞頓的疲憊

摩洛哥幅員廣大，要參與美景得付出代價，雖然，眼見美景後疲勞盡消，但若能有美食襯托，就更加完美了。

摩洛哥的飲食非常多樣化，不但具有阿拉伯伊斯蘭教的飲食文

化，也因為曾受法國及西班牙殖民統治，因此可以享受多重的美食饗宴。

　　塔津鍋（TAJINE），是摩洛哥特製的陶瓷，其實就是「蒸鍋」。尖錐的戴帽子鍋蓋，造型很可愛。因為北非氣候乾旱，水資源相當寶貴，摩洛哥人利用智慧加以設計，尖錐型鍋蓋和高密度的陶土材質，將蔬菜及肉類食材放入鍋中悶煮，讓水蒸氣在鍋中循環，充分利用食材本身水分就可烹煮，全然保留食材的原汁原味，不需額外加水，同時也降低油、鹽的用量，可以享用最鮮美的塔津料理佳餚。

　　庫斯庫斯（COUSCOUS），可說是親民又隨和的麥食，用雞汁蒸熟後加上奶油再蒸，充分吸收雞汁和奶油的的香甜後，再將各式肉類、蔬果、湯汁淋上，享用時香氣四溢，唇齒留香。在摩洛哥有千百種不同的做法，隨著加入的水量不同，可以像是西米露，也像是小米粥。但它不是米，是麥粉，是蛋白質成分很高的麥食，也是穀物產品中營養價值最高的。

　　如果能在具有摩爾式建築的餐廳裡用餐又是更「摩洛哥」了。摩爾式建築，是有感情和歷史的。摩爾人屬於北非的阿拉伯人，在長達八世紀跨海統治西班牙安達魯西亞地區時，成功地融合了伊斯蘭教和基督教的藝術風格——拱形的圓頂、馬蹄形的拱門、不加裝飾的拱頂、擁有繁複裝飾的拱型、亮麗釉彩的青花磁磚、阿拉伯文、幾何圖形的裝飾、建築物前有水池、花園中有噴泉或水道。

　　在摩洛哥的歷史風雲中曾經歷過四個皇城，而這四座城各具特色，也各有其代表色。

白色之城──拉巴特

在穆罕默德五世陵寢正對面，有一座「半吊子」的清真寺。原來這座清真寺是在西元1195年始建，當時計畫建立86公尺高，成為世界最大的尖塔與最高的清真寺──哈珊紀念塔；卻在四年後因當時的蘇丹過世而停工，之後又幾遭地震，所以目前看到的「遺跡」就只有44公尺高建築、少數的牆壁和200支樑柱，從殘留的一些小圓柱，實在很難想像當時的「雄心萬丈」，不過這座未完工的清真寺也算是見證了歷史的更迭。

我在廣場上憑弔遙想，拿起手機取景。幾個坐在長椅上包著各色頭巾的女士朝著拍照的我們瞧，摩洛哥人非常熱情，臉上掛著微笑。我走過去邀請一起合照，她們喜孜孜地回應，雖然語言不通，卻在將自拍照和她們分享時，彼此留下了更燦爛的回憶。

拉巴特是全球著名的夏季旅遊勝地，在這裡可以見到很多歐洲人都到這裡度假。在這裡有可以直通大西洋海岸的寬闊筆直的海濱大道、近在咫尺就可以踩在細軟的海灘上、吹著大西洋的海風、呼吸著海風帶來的清新的空氣、氤氳的濕潤水氣也提高了整座城的能見度，所有美好的感覺都直奔「白色」而來──神聖、純潔、樸實、清爽。

黑色與綠色之城──梅克尼斯（Meknes）

1672年，阿拉維王朝的第一位君主穆萊・伊斯梅爾，將此定為

首都，他統一了摩洛哥，也讓摩洛哥在其統治時期達到了前所未有的繁榮。至今阿拉維王朝仍統領著摩洛哥王國。

伊斯梅爾從25歲即位起，驍勇善戰，所向披靡，為了強大政權並與歐洲諸國相抗衡，他招兵買馬，組成了一支幾乎全是黑人奴隸的15萬人的強大軍隊。據說，正是這支「黑色」禁衛軍，讓伊斯梅爾一生未嘗敗果，因此，黑色成為了梅克尼斯的代表色。

伊斯梅爾對法國路易十四崇拜萬分，期待與其並駕齊驅，故以凡爾賽宮為藍圖去修建王宮，40公里蜿蜒的古城牆、50多座金碧輝煌的大殿，清真寺、游泳池及花園一應俱全，都可見凡爾賽宮的影子。因此，梅克尼斯被讚譽為「摩洛哥的凡爾賽宮」。

此外，伊斯梅爾還愛馬如命。從今所見保存完好的宏偉的糧倉與大型的馬廄便不難想像。據說，他的馬廄裡，養了大約1.2萬匹馬，糧倉裡充足的糧食，能供應15年；馬廄外的水池儲備的水，也足夠飲用一年。當年，修建皇城的工匠的生活條件甚至比不上那些高高在上的馬匹。

梅克內斯古城區於1996年入選《世界文化遺產名錄》，極具西班牙摩爾風格，被高聳及長達45公里的城牆所包圍，共有五個巨大恢弘的城門，故有「多門之城」的稱號。

除了黑色外，梅克尼斯也被稱為綠色之城，因為在古代宣達政令及審判的「哈丁廣場」（Place el-Hedime）上有一座地標──綠白相間的「曼索爾城門」，精緻的雕刻與馬賽克拼貼的回教幾何圖案相當醒目。綠色象徵自由和平，也呼應了城門所具有的「勝利、凱旋」之意涵。

我們在盛產紅酒和橄欖的梅克尼斯，一面品嚐美酒美食，也一

面在其悠閑與祥和中品味其歷史與神祕。

藍色之城──菲斯（Fez）：世界上最容易迷路的地方

　　菲斯古城居民留傳著一句驕傲的話：「最有能耐的地圖繪製師到了菲斯，也得甘拜下風。」原來古城裡有最寬不過數米，最窄只有0.2米的九千多條大小如蜘蛛網的街道和小巷交錯縱橫，因此被稱為「世界上最容易迷路的地方」以及「世界上最長的步行街」。這座最美不勝收的中古世紀城市，曾被美國地理雜誌評為全球最浪漫的十大城市之一。

　　穿過鑲滿藍色瓷磚的城門，石板小路連貫古城，走進大巷卻連接小巷，舊城區街道狹窄，小巷轉彎又進入更狹窄的巷子，簡直就是歧視胖子，迎面而來的馱貨毛驢在窄巷裡獨稱老大，因為最現代的交通工具都比不上牠，脖子上清脆響亮的鈴鐺聲，似乎在告知人們誰才是勝利者。除了毛驢，馬車和摩托車也擔負貨物運輸的重要任務，全世界最大的無汽車的城市就在這裡。

　　古老城牆、狹窄牆垣和石塔交織出古都古色古香的浪漫風情，空氣中漫延著回教世界的阿拉伯情懷。

　　這裡還保留著12世紀的面貌：17公里完好無缺的城牆，訴說著歷史；巷弄裡濃厚的中世紀阿拉伯色彩，豔麗而有內涵；高聳入雲、紅綠相印的清真寺喚拜樓尖塔最為顯眼，從中也能感受世界最早的伊斯蘭城市的歷史，像是建於859年，阿拉伯和伊斯蘭世界的高等學府，世界上現存最悠久的古老「卡洛因大學」、幾何線條圖案精雕得金碧輝煌的「菲斯古皇宮」，還有由270根廊柱支撐的

「卡洛因清真寺」。

菲斯盛產一種特別的深藍色顏料，10世紀，當地人在燒制陶瓷時，就開始添加這種顏料，這些人工投入感情拼貼造景的陶瓷馬賽克與鑲嵌拼花的圖案，典雅樸質，歷久仍光彩。而這種難以言喻的深藍，就被稱為「菲斯藍」。

造訪菲斯老城，露天的皮革染料場是絕不能錯過的，但你得通過嗅覺大考驗。那些在處理皮革過程所混雜的惡臭——羊皮、駱駝皮以及作為防腐劑的鴿子和驢子大便，還有香料混合出來的味道——能忍受者就能跟像調色盤的石槽大染缸拍照留念。

菲斯共有六家製革染料場，已有600多年歷史。參觀前貼心的店家會發給每人一株新鮮薄荷葉放在口鼻處隔絕臭氣，可以將葉子加以搓揉便可發揮短暫作用。

循著窄梯登上露台，就可以見到令人震撼的皮革染坊了。當地人以一種傳統的形式生活著，連從事染皮業也是。為了讓皮革軟滑且能均勻吃色，他們必須浸在石槽染缸內不斷地用力搓揉、踩踏，而色澤鮮豔的染料都是萃取自植物的天然染料，就像綠色來自薄荷；紅色來自罌粟花；黃色來自番紅花；藍色來自豌豆科；橙色來自指甲。等染色整皮後，又平鋪或晾掛，等候風乾。這已經是千年來傳統的純手工製作方式。

我在菲斯最美麗的連接新舊城的「布歇路德門」，與恍惚和虛幻錯身，可能是因為拱門上的貝殼形鑲邊、鋪滿花卉圖案的彩磁或是彩磁正面的菲斯藍和背面的伊斯蘭綠。我在這裡像是穿越了時光隧道的起站與終站。

落後混亂、遠離現代的菲斯古城，早晨與夜晚各有風情，沉浸

其中駐足拍照，無價的文化與藝術無處不在向旅人招手。

紅色之城──馬拉喀什（Marrakesh）

我覺得「馬拉喀什」是個熱情而規矩的城市，前者在於放眼望去陶土紅的建築外牆，原來在阿拉伯語中，「馬拉喀什」的原意就是「紅色」，正好呼應了赭紅色岩石堆砌的城牆與時而金燦、時而烈焰的陽光，相互輝映；而後者則是陶土紅牆的建築們安分守己地在平坦的土地上蹈矩循規地豎起，有一種內斂的沉靜。

搭乘馬車前往舊城區，在這座充滿中古世紀風情的城市裡，感受馬拉喀什無所不在的魅力。昔日的舊都城──巴西亞宮殿巴迪皇宮（EL BADIA PALACE）像是人老珠黃的遲暮美人，讓人憑弔的斷垣殘壁，有種歷盡滄桑的美感與投降於時間的無奈。而日夜喧囂的熱鬧傳統市集，企圖延續著中世紀的繁華景象，這裡的建築和街巷都像在訴說著一則則一千零一夜的神祕故事。

沒有到過世界第一大夜市──「德吉瑪廣場」（DJEMAA EL FNA SQUARE）就等於沒有到過摩洛哥，他可是聯合國教科文組織認證的世界文化遺產。你可以把他看成是一個露天劇場，這裡跑江湖賣藝的表演者包括：吞火人、耍猴奇人、舞刀弄槍的武術人、占卜算命的巫師、也有雙手掛著衣服沿街叫賣的人，他們都在這裡找到表演的舞台。我看到地上一堆蛇，才拿起相機，玩蛇人馬上過來舉起他的帽子對我說著我聽不懂的語言，我想，應該是拍照就要付錢吧！這裡的熱鬧與混亂其實讓我有著出乎意外的恐慌。

在廣場上最特別的是身穿紅衣，背著羊皮囊的賣水老人，可別

小看這個老人，他可是個傳奇人物。據說有一年，乾旱缺水，死亡人數攀升，突然一位身著紅衣的老人出現，他用他羊皮囊裡源源不絕的泉水拯救了垂死之人與牲畜。而這賣水老人的職業形象也讓西班牙畫家委拉士開茲畫入了他的油畫──〈塞維利亞的賣水老人〉。

這裡也是購物者的天堂，無數市集圍繞著廣場，各種木製品、皮製品、毛料、金屬製品、香料、草藥、尖頭鞋、頭巾、皮革、銅燈讓人眼花撩亂。在廣場上還可以體驗印度漢娜紋身，也可以悠閒地享受摩式下午茶，見識馬拉喀什人的生活縮影。

廣場上人群熙攘，吆喝聲此起彼落，但只要伊斯蘭教喚拜員的聲音響起，所有伊斯蘭教徒會停止手上的事開始禱告，每天五次；而當喚拜員最後一絲聲音消失在空氣中，接續取之而來的又是沸沸揚揚、嘈嘈雜雜的喧鬧聲。

趁著7點半日落時分，登上咖啡廳的二樓露臺，來自世界各地的人已經等在這裡躬逢其盛，摩洛哥的夕陽真是活得特別值得。

隨著夜幕低垂，廣場換上新裝漸而變得迷離。空氣中飄著烤肉和蝸牛湯的香氣，在這座北非最大的露天市集可以輕易找到美食，琳瑯滿目的摩洛哥特色小食和飲料突然讓人有了選擇性障礙。在這色彩繽紛的不眠廣場上期待與未來的回憶邂逅。

*

到訪馬拉喀什路過卻不能錯過的還有政府相當看重的「馬若雷勒花園」，因其所帶來的觀光商機，不容小覷畢竟不少人是衝著YSL而來，因此，因此政府單位將花園前的馬路都改名為「伊夫聖

羅蘭路」。

進入這座花園，你會以為來到了另一個世界。各種藍色是最特別的基調色。藍色馬賽克鑲嵌的水池、白色噴泉、綠色長椅和黃色大盆栽，這座花園以繽紛的萬千姿態，風情萬種招攬著旅人⋯⋯

馬若雷勒花園裡有各種仙人掌，據說當時聖羅蘭最愛和他的同志戀人到這座花園幽會，也在仙人掌上刻下甜言蜜語。這座花園有著法國時裝大師聖羅蘭（Yves Saint Laurent）的浪漫美好回憶，他甚至身後將一半的骨灰灑在這座美麗的花園。

多彩繽紛的「卡薩布蘭卡」（Casablanca）

卡薩布蘭卡（Casablanca），怎麼會有這樣美的名字？美得讓人不得不一親芳澤。在西班牙語中casa是房子，而blanca是白色，Casablanca就是「白色的房子」。城市裡的房子多是白色殖民式建築，市中心United Nation Square附近就有很多頗有歐洲風格的白色房子，最搶眼的是法國統治時期存留的兩座白色教堂。這裡的白有一種難以言喻的純潔之美，湛藍的大西洋將這座白色之城襯托得更令旅人驚嘆。

位於卡薩布蘭卡市區西北部的「哈桑二世清真寺」（Hassan II Mosque）高聳在大西洋岸邊。是在沙烏地阿拉伯的麥加以及麥迪那兩大清真寺之後的世界第三大清真寺。

壯觀雄偉的哈桑二世清真寺，是為了紀念哈桑二世國王60歲生日而建，以白色大理石建造而成，於1987年8月動工修建，耗資五億多美元，占地面積九公頃，整座清真寺可同時容納10萬人祈禱。

最特別的是其中三分之一面積建在海上。據說國王曾在夢中接獲阿拉的真言:「真主的寶座應建在水上。」此外,也是為了紀念摩洛哥祖先──來自海上的阿拉伯人。

這座卡薩布蘭卡的重要地標,應該算是最具現代科技展現的──正門重35噸,是使用一組密碼開門,不需鑰匙;主體大殿屋頂可以遙控開啟閉合;25扇自動門全由鈦合金鑄成可抗海水腐蝕;冬季時,大廳內的大理石地板可自動加熱;夏季時,屋頂可以在五分鐘內打開散熱;宣禮員可搭乘電梯直達宣禮塔頂,誦經聲傳布到市區內的每個角落。全然發揮了清真寺的最大功用。

進入這座摩洛哥唯一對外國人開放的清真寺,整個心敞開起來。不懂建築的我,就算欣賞驚人之舉的200公尺宣禮塔,也嘖嘖稱奇。對面這座海邊的清真寺,聆聽著大西洋海浪拍擊礁石的聲音,我所有的感覺都被陶醉了。

置身在卡薩布蘭卡,你會懷疑自己在北非?高樓大廈、海濱大道、廣大的公園、美麗的噴泉,走在街上身著時髦昂首闊步的女性,多過戴頭巾的低調女性,從中可以見到這座北非大城從法國殖民以來的現代化發展。

特別去找了《北非諜影》中男女主角相遇的酒館,他們的愛戀就是從這裡生根萌芽。電影中有一句經典的台詞:「世界上有那麼多的城鎮,城鎮中有那麼多的酒館,她卻走進了我的酒館。」和整座酒館合影留念時,我想起泰戈爾:「愛不是占有,也不是被占有,愛只在愛中滿足。」

沿著海邊散步,聆聽著大西洋海浪拍擊礁石的聲音,我所有的感覺都被陶醉了。在「穆罕默德亞海灘」上,有不少面大西洋的高

級餐廳。遇見一位熱情的老闆，明知我們沒時間消費，還是招呼著讓我們進去餐廳拍照，還主動幫我們取景，也要求合照留念。我和這座享有「北非巴黎」的城市有了一場短暫的浪漫戀愛。

回程機上，我問老爸哪個景點最令他懷念？他說是壯觀的「哈桑二世清真寺」；就我而言，和老爸在沙漠上騎駱駝、等夕陽，會是我們父女間最獨一無二的回憶。帶老爸旅行很值得，因為射手座的他總在旅行中體現了他渴望的自由與冒險。他很能隨遇而安，長途飛行、拉車、上山下海，總不喊累，所有盡收眼底的都能感動他。他能取景，也愛拍照；總能把旅行發揮最大的CP值。我曾帶著他到印度、埃及、上蘇杭、九寨溝、北歐五國，期待他的身體繼續硬朗，我們能往更遠的地方飛去……。

出發不是為了到達終點，而是在過程中找尋最美麗的停駐，可能是隨興一個轉彎見到驚豔的阿拉伯貴族宅邸；可能是在市集的陌生叫賣聲中迷遊於蜿蜒的巷道；可能是在撒哈拉奇景中，領略浩瀚的沙漠詩意。從遠離到回歸，再度面對都市的繁華與喧囂，我將更感謝這趟生命綠洲旅程的難能可貴的回憶。

原刊登於2018/04/18、2018/04/20、
2018/06/29聯合新聞網首頁，旅遊頻道；
原載於《今日生活》，2019年3月、6月、9月，第431~433期。

在「越南」的法式優雅微旅行

　　我是「世界遺產控」，有一種難以言喻的蒐集式的迷戀，2011年拜訪北越在1994年列入《世界遺產名錄》的「下龍灣」（Ha Long Bay）便戀上「下龍灣」瑰麗的景色與渾然天成的奇石美景；乘著海上移動的VILLA「躺臥」在世界自然遺產之中，奢侈地在碧波山影間、在雲端霧氣裡悠遊，這些美好都在我的旅行記憶中，添上了永生難忘的一筆。

　　Paradise Cruises——天堂號，是我們要待上兩天一夜的遊船。這艘遊船雖是木造的仿古船，但其實是不利用風力，完全靠動力引擎前進的，船行進時都不會揚帆，只有在下錨定點時，才會揚起黃色大帆。

　　陽台隔著一個大的落地窗就是我們的大床，躺在床上就可以見到藍天、島嶼與其他的船隻，景色隨著船的移動，一直變化著，有一種遺世獨立的感覺，船隻在島與島之間穿梭，其宏偉壯麗，讓人瞠目結舌。彷彿此刻的生命就只剩下「緩慢」與「悠閒」。

　　在擁有現代設施的古船上過夜，是一種特別的渡假體驗。在優雅的法式下午茶後，可以學習越式料理，也可以在甲板的長椅上放空或巡禮眼前景觀。豐盛的法式晚餐後，可以選擇在船家的安排下，夜釣小管；也可以利用飲料「買一送一」的優惠時間，點一杯雞尾酒，在沒有光害的滿天星斗陪伴下，躺在露天甲板的椅子上等待流星劃過天際，順便做做月光浴，十足的愜意。令我感到最特別

的是，晚上所有的船隻都集中在同一個區域休息，船錨在一個定點，所以整艘船就會在定點隨風旋轉，因此，可以見到360度不同的夜色。

清晨可以早起在甲板參與太極拳的課程，這樣的奢華享受全然滿足了身心靈。

除了被歸為「自然遺產類」的北越下龍灣，還有位於中越的會安古鎮──1999年被世界文教組織認定為世界遺產的「文化遺產類」，也是在我的蒐集名單中。

*

2018年第一次搭廉價航空，沒想到前一天下午突然被通知13點50分的班機延遲到17點35分，害我訂好要上山的飯店整個大亂，應該會來不及搭纜車上「巴拿山」，只好一直聯繫飯店爭取改期，當時我想這應該是我生平第一次，也是最後一次搭廉價航空……。

我從不會因為事件影響心情，只是對於事情喜歡規劃好的魔羯座而言，實在對於突如其來的意外會起煩躁，但我也深知遇到事情就處理解決，因為所有的事情都有最好的安排。

當時直飛峴港只有捷星航空，若有得選我也不會挑選廉航。不過這樣的經驗也是很難得的體驗，有比較才知道一分錢一分貨。

表訂17點35分起飛，但飛機在跑道等了半個小時才起飛。我和M擔心到機場無法換錢，只好在飛機上點了泡麵，順利找零──「越南盾」，這是我吃過最貴的泡麵，一碗台幣將近300塊。兩個半小時抵達峴港機場後，發現入境大廳外還有好幾家銀行還在營業呢！

在越南旅行最方便就是利用Grab叫車，車資便宜又安全。我們在飯店登記入住後，散步夜訪峴港市區──人聲鼎沸的大型夜市，熱鬧滾滾。跟著超大的摩天輪走進遊樂場，逛了一大圈，聽到要關門的廣播，工作人員引導我們從出口旋轉門出去，才知道我們過了售票時間門口沒人管制，竟免費逛了遊樂場。

回程散步經過一家酒店，隨著震耳欲聾的音樂，我們進入酒店登上二樓，隨著樂音進入會場，超棒的DJ，帶動全場的氣氛，我們鬼混一陣，解放靈魂。出場時，還收到兩支贈送的啤酒。原來是啤酒公司在辦活動呢！離開酒店，M打開地圖找評價高的消夜；我則是已經忍不住打開啤酒大口暢飲。

我想，這就是人生興味的所在，如果不是飛機延誤，改為第一晚在峴港入住，就不會遇上這樣特殊的難忘際遇，值得在旅遊記憶中添上一筆。

＊

越南的大眾交通並不發達，隔天一早我們依舊叫車上到往「巴拿山」的纜車口。據說在1920年法國殖民時期，法國人無意間發現了這座氣候宜人的村落。純樸的村落深受法國人迷戀，於是他們便以直升機吊掛方式將建材運送到「巴拿山」，將具有歐洲風格的建築，包括度假村、酒窖和歌劇院建在半山上，成為當時的避暑勝地，於是如今才有這座高盧風格的歐風小鎮，也為旅人留下了很多遺跡。

然而，經歷時間和戰爭的摧殘，被遺忘了幾十年的巴拿山才在2007年被Sun World集團投資開發，而成為到訪峴港不可錯過的旅遊

景點。

至於「巴拿山」名字的由來，是當年誤入此地的美軍發現山裡除了很多珍稀物種，就是隨處可見的香蕉樹，於是用了「BaNa」——香蕉英語的諧音，因此，巴拿山（BaNa Hills）由此得名！

要登上雲霧繚繞的法國山城「巴拿山」，首先見識到榮登金氏世界紀錄中——「世界最長及落差最大的單纜吊車」，在纜車上欣賞一路上山變化多端的美景便是一大享受了。

當你一下纜車便被城堡擁抱，彷彿置身歐洲。在山上可以搭纜車連接景點，到處充滿驚喜。

山上迄今還留有一百多年歷史的DEBAY酒窖——法國人所建，全長100米，酒窖裡的溫度保持在16-20度是儲存葡萄酒的最佳場所。在酒窖外有一座大露台，可以一邊品嘗美酒，一邊欣賞美景。

我們在這裡遇上了一場大雨，雨後的法國村，像清新脫俗的少女。

最吸睛的還有今年6月完工開放的「黃金佛手橋」，造型相當特殊，是由山坡兩側伸出的兩只巨大的手掌捧托著，走在被巨大的佛手捧起如金色緞帶的156米長的天空步道，在海拔超過1,400米的山上，覺得飄飄欲仙。

法國村是值得住上一晚的，入住Mercure Hotel Bana Hills French Village，欣賞日夜不同景致。

*

和法國村截然不同的「會安」，有一種說不出的古樸和靜謐。整座城像是披上了一件黃色，希望、熱情、明亮，整座城傳遞了黃

色的色彩學意義。騎車慢遊會安古鎮，最能親近會安的當地特色。

　　飯店免費提供腳踏車，我們騎著車在這座歷史博物館裡繞，經過「秋盤河」清風徐來，停車享受路邊美食，坐在河畔欣賞古城的細節，整個步調放慢，慵懶的盡情感受每一口樂活的呼吸。

　　古城的地標──「來遠橋」又稱「日本橋」，這座橋連接了會安中國和日本兩個街區，古樸日式建築風格的古橋，走在廊橋上讓旅人感覺遠離文明。橋樑上的中間有個供奉中國道教神明──玄天上帝的小寺廟；而橋的兩邊各有一隻狗和猴子的雕像是用來守護神明的。

　　騎自行車往海邊的路上，見到路邊田埂的一頭大牛，我不禁驚呼。熱情的牛主人「聽到」我的「劉姥姥進大觀園」揮手要我們停下車。他拉著我往大牛走去，然後半蹲著，指著他的大腿要我踩上去，就可以騎在牛背上。我一方面害怕，也不好意思；最後M盛情難卻，自己爬上了牛背，拍照留念後，硬是塞給牛主人30萬越南盾，謝謝他帶給我們特別的回憶。

　　會安的海邊有著東南亞其他海島的熱鬧不凡的風情，日夜也有不同的風貌。

　　古鎮夜晚像是一座不夜城，餐廳酒吧一條街，河岸第一排的露天座最能感受會安古鎮熱鬧非凡的迷人夜色。

　　這是一座傳統與現代相互融合也彼此撞擊的城市，來自世界各地的旅人，把會安古鎮國際化了……。

　　在中越的最後一晚我們要好好瞭解被視為「東方夏威夷」的峴港。這座度假勝地，在越戰期間，可是美軍基地的重要港口。最特別的是綿延30公里質地細緻的白沙，走在這座2005年被聯合國科教

文組織認定為「全世界六大美麗沙灘之一」感覺特別幸福，似乎被湛藍的海水緊緊擁抱，也擁抱恆存的越南樸實印象。

原刊登於2018/11/26聯合新聞網首頁，旅遊頻道。

幸福的溫度——風情萬種的「杜拜」和「阿布達比」

我用「旅行」記憶和雙胞胎兒子的重要生命階段。每一次旅行都在他們求學階段的重要轉折。

國中升高中那年，我跟他們說：「好好加油，考完帶你們去旅行。」小兒子很努力，但是考運不佳。考完後，沮喪地問我：「還要去旅行嗎？」我跟他說：「當然要去啊！旅行跟考試成績無關，你已經盡力了啊！」那一年克羅埃西亞加入歐盟，免簽證。我安排連同斯洛維尼亞和蒙特內哥羅三國的旅行。他問我：「為什麼不去法國？」我說：「第一：因為我去過了。第二：浪漫的法國回憶你要留給另一半。」

12天的旅行結束後，環遊世界的種子已經深植他們的心田。

升高二的暑假，拼大學前短暫的放鬆。我帶他們去見識大上海的城市變化；也告訴他們：「補習費省下來，考上大學的暑假，就作為北歐的旅費。」

當北歐五國18天的旅途劃下句點時，兒子告訴我：已整理規劃好大學四年的計畫了。

三年來，他們擔任教學助理，開始存錢，也展開和自己的旅行。

這次杜拜八天自助行，是我們的第四次旅行，我們一起事前安排，規劃行程，要以最少的經費創造回憶。

旅行牽繫著我們的美好記憶，我，且行且珍惜……

*

去年到北非摩洛哥就是搭阿聯酋航空A380在杜拜轉機。這次直飛杜拜一樣選擇晚上11點半起飛，上飛機就睡，抵達就開始玩樂，真是太完美。這次有個意外的驚喜，讓我又更愛Emirates。

上官網訂位時，只要付費就可以選擇你想要的座位。起飛前48小時，則可免費選位，當然此時剩不到什麼好位子。兒子最後只能在「中間排」選到第55排兩位和54排一位。

到了機場check-in時，我跟地勤小姐詢問是否有三人一起的座位？最後我們真拿到了第48排三人連坐的好位置。只能說有開口就有機會。但詭異的是：明明網路選位時，這些走道、靠窗的三人座位根本不是空的？而且感覺是滿機，能選擇的空位不多。

我們在最後一刻登機，上機後發現座位很空。等到起飛後，很多人蠢蠢欲動，最後我們這一區的人幾乎都是一人分到兩到三個空位。我們三人各找到了三人座的空位，舒服躺平一路睡到早餐送來，九個多小時的飛行時間就這麼愉快過去了。

這裡面是否有何行銷的貓膩，已不重要，因為搭機時便產生「階級」區隔，本是自然。我是不會事先花錢買「好」座位的，但這種賺到的心情可以讓我愉悅很久，成為一個話題。期待回程也能如此幸運。

*

清晨5點多到機場，不甘心在機場換錢，還好買捷運票可以刷卡。機場到飯店的捷運一班抵達，沿途的壯觀高樓，各有特色。寄

182

放行李後，推開飯店大門，門口擠了一堆人，原來是下雨了。服務生說：杜拜一年大約只下雨兩到三天，沒想到就被我們遇上了，因此，飯店也沒有雨傘可以出借。撐到「舊城區」換到好匯率，終於有錢可以用了，雨也停了。

如果想要體驗在地的文化，一定要到舊城區逛逛，方能讓旅行更有溫度。下了捷運可以沿著木船碼頭走，雖然不是最近的一條路，卻可以開始見識到新舊城的差異，看到傳統阿拉伯式的建築和招牌出現後，就來到了最有名的「香料市集」（Spice Souk）了。

這裡算是個小商圈，各區都有其規劃，有五金、香料、果乾、黃金各成一區。這裡的商家拿出各種攬客的招數，先是語言問候——「你好」、「你好漂亮」已經不稀奇，連「新年快樂」都出爐了；有的甚至把紡織品布料在你路過時就直接套在你脖子上，然後就走進店家，有的人只好跟著進去把布料還給他，就增加了購買的機會。我們對購物沒興趣，我則是直接拿下來跟老闆道謝後，迅速放在他店外的攤架上離去。我對欣賞琳瑯滿目的乾果和色彩斑斕的香料，比較有興趣，拍照起來眼花撩亂，也覺光彩奪目。

而耀眼的又莫過於「黃金市集」（Gold Souk）裡每間店鋪櫥窗造型特別的展品——黃金球鞋、黃金棒球、金縷衣，金光閃閃，不俗又給力呢！

在杜拜河Abra木船碼頭，到處可見古意盎然的木船，成為通往「老市集」的觀光運輸工具，花1 AED搭上傳統木船，不到五分鐘就可以帶給你接近阿拉伯地氣的感動。

*

　　杜拜是一個非常適合自助旅行的城市，捷運和巴士四通八達，三人以上就算叫計程車也很划算（起跳5 AED約台幣43元，每跳一次約台幣4.25元。）我們這次主要以捷運為主。有兩個特別的經驗：

　　第一天搭捷運要前往「香料市集」，我特別等在第一節車廂，想看看會不會有我們「文湖線」的好景緻，上車後驚呼：「好高級喔！看吧！我選的。而且有空位。」我們立馬坐了下來，大兒子卻發現車廂門邊："GOLD CLASS"。環顧四周，果然，這些人看起來比較高級。接著小兒子看到提醒：如果沒有GOLD CLASS的資格，卻待在這個車廂，會被罰100 ADE。我們立馬跳起來往後面的車廂走，果然整個車廂出現了「階級」反差，是正常的捷運車廂了。

　　回程，遇上下班尖峰，一進車廂有點嚇到，所有目光集向我：「好可怕喔！全是男人。」我跟兒子說。他倆圍住我：「媽咪，妳不要鬼叫啦！」

　　後來，我才想起有專屬的女性車廂；大兒子才回想起早上從GOLD CLASS車廂往後走時，經過第二節車廂，他倆也被滿滿的眼神關注。喔！原來那就是傳說中的女性專屬車廂。

　　隔天又發現第三節車廂有著男女的分界，同一個車廂，男人一邊，婦孺另一邊，真的很特別。

　　雖然人潮擁擠，我又不能和兒子分開走，只好還是繼續淹沒在男人堆裡。又或者站在分界點的兩邊相望，真是一個難忘的體驗。

　　在杜拜自助遊，只要事先規劃好行程，善用捷運的一日票，22 ADE（台幣187元）就可以連接很多景點。我們很幸運都遇上很優

質的售票員。有一次買了來回票，回程中間搭計程車要到最近的捷運站，沒想到就回到離我們飯店最近的捷運站。兒子說可以去嘗試退票看看，果然如果退票只要扣1 ADE。售票員還很有耐心幫我們算怎樣換票到下一個點比較划算；最後一天，我們在凌晨1點55分要到機場櫃檯報到，詢問售票員最後一班的捷運時間？他馬上關心我們當下要去哪裡？很貼心地幫我們確定買一日票是比較划算的。

杜拜打破了我的刻板想像，我以為這個有錢的國度，人們可能是眼睛長在頭頂上趾高氣昂的，沒想到這是個富而有禮的「安靜」城市──行人走在路上最偉大，只要沒有紅綠燈，車子一定都會讓行人；當地人很守規矩，捷運站分兩邊排隊，中間是給車上乘客方便下車的；捷運上很安靜，大家都尊重彼此的空間。我們唯一一次聽到車廂上的談話聲，竟然是講中文的，三個強國女人正在聊起婚嫁的兩方該如何支付費用。整趟路程被強迫聽了一堆隱私。此外，這個城市的治安很好，應該是宗教的力量很強大，連「黃金市集」的店家都看不到有鐵捲門，打烊時也像普通雜貨店關門營業。

＊

和孩子旅行，最大的樂趣之一是可以透過他們重拾「赤子之心」。年到半百，看過大山大海，嚐過各國美食，經歷過很多難忘的「初體驗」，於是要求變高了，慾望也膨脹了，似乎很難被取悅，也難被打動；可是兒子呢？

進到A380客機，見到雙層機艙的驚訝，連飛機餐都拿起手機拍照；清晨被飯店旁清真寺的喚拜聲叫醒，起床到落地窗前錄音；到「杜拜購物中心」的戶外廣場，站在「搖滾區」等候「全世界第

二大的音樂噴泉」，當「杜拜噴泉」（Dubai Fountain）的水柱隨著
音樂噴發相當於50層樓高，我們的衣服和手機都被噴濕了，他倆兄
弟驚呼不絕。晚上回到飯店已經讓手機流洩出剛剛的流行名曲，重
溫方才的震撼。

　　站在「杜拜水族館」——全球最大透明魚缸面前凝神靜默，一
條條虎鯊和黃貂魚在頭頂上游過，漫步在48米的水底隧道，驚喜交
集；當「水底動物園」裡的鎮園之寶——長五米、重750公斤，的
40多歲巨鱷，正倚老賣老傲視來往的遊客時，瞠目結舌的他倆已經
捕捉其「尊容」。

　　到「阿聯酋購物中心」旁的「家樂福」，外帶10 ADE的春雞三
隻和15 AED的炒飯回飯店大快朵頤，沒吃完的，隔天中午出門前還
當午餐吃掉，繼續大讚好吃。孩子純粹的快樂，充分體現。

　　棕櫚群島，是因為波斯灣水淺，才得以進行如此大規模的填
海工程，每個島均呈棕櫚樹的形狀，再由一彎月形包圍，我們搭
計程車前往最大的人工島——朱美拉棕櫚島上的「亞特蘭提斯酒
店」，當車子進入島上設置的住宅與度假區時，大兒子歡呼雀躍：
「我們正在一片棕櫚樹上呢！」從台灣帶了野餐墊和零食，預留了
放空、吹風和踏浪的時間，前往「朱美拉海灘」免費的公共海灘
（Jumairah Beach）野餐，在這裡遠眺「帆船飯店」、看人打沙灘排
球，度過舒服的午後，小兒子說他最喜歡不花錢的美景。

　　到阿布達比的「法拉利樂園」，僅僅只是下車半小時拍照，也
是欣喜若狂，歡欣鼓舞。原來孩子的幸福是這樣平凡而簡單，而我
們已經和自己的內在小孩失聯多久了呢？

*

　　拜訪全球第三大清真寺──謝赫扎耶德大清真寺（Sheikh Zayed Grand Mosque），是我們事先購買「阿布達比」一日遊的重頭戲。在車上我們的巴基斯坦導遊就很貼心地先發給每個女生（小女孩除外）一套黑色長袍和頭巾。我已經是特地穿了長袖長裙，但是他上下打量我，還是請我帶著，免得麻煩。我的衣著想必還是線條太明顯，所以，還是乖乖入境隨俗連頭都包起來了。

　　進到清真寺裡男女要保持距離，不能做出親密的舉動；在裡面拍照要正經嚴肅，不得擺出誇張的姿勢，就在我們拍得很高興，準備離開時，旁邊的警衛過來要求看照片，並且一一把不合格的照片當下立即要求刪除。還有一張是大兒子手舉高，擺了大V的姿勢差點也被要求刪掉，但他跟警衛說：「這是在清真寺外面拍的啊！」便被搶救了下來。

　　謝赫扎耶德大清真寺，以該國首任總統命名，這座中東最大清真寺，全球第三大清真寺有：82個圓頂、四座高107公尺的宣禮塔，可容納四萬人聚禮。我到過世界很多知名的清真寺，但這座藝術傑作有別於世界其他幾大清真寺的最大賣點就是：水晶吊燈。所以他雖非全世界最大，卻是造價最貴的清真寺。

　　很多人以為杜拜是阿拉伯聯合大公國的首都，其實阿布達比才是，他也是阿拉伯聯合大公國之阿布達比酋長國的首府。「阿聯酋傳統民俗村」（Emirates Heritage Village）可以讓旅人一窺石油在尚未改變阿布達比的命運之前的面貌。在這座民俗村裡可見用心打造過去游牧和漁業時期的棕櫚葉和泥屋蓋成的房舍、貝都因型式的帳

篷還有早期清真寺建築；仿古老市集而建的露天市場，販售著各種手工藝品。然而，比較吸引我的是在阿聯酋民俗村前後方，海天一色的絕美沙灘與海景，我們事先準備了簡單的午餐和零食，就讓自然美景相伴我們用餐。

Jumeirah at Etihad Towers，是我們的巴基斯坦導遊額外送給我們的驚喜，雖然在杜拜已經登過世界第一高塔，但是當電梯抵達酒店第74層，在300米高空觀景台較近距離欣賞阿布達比的天際線，還是感覺很興奮。可以在360度全方位的高樓窗景餐廳享用下午茶，每個座位面對的每扇窗外都有不同的好風景。

*

我是「碼頭控」，如果再碰上步道和餐廳，我就繳械投降了。

杜拜碼頭（Dubai Marina）是由原始沙灘與人工填海而成的狹長沙洲，將波斯灣與海灣運河區隔開來，濱臨波斯灣的外緣是沙灘，半島裡面則是運河碼頭。

連結碼頭兩岸的碼頭步道（Marina Walk）有兩英哩長，寬廣舒適的步道上有人在散步、慢跑，也有人在長椅上對著遊艇放空，旁邊各具裝潢設計的異國料理餐廳招攬著客人，多數人選擇坐在戶外區，可以輕而易舉融入對面沙灘邊鱗次櫛比林立著的五星酒店飯店和豪宅大廈。

水煙（SHISHA）在中東國家早已有千百年的歷史。抽水煙對中東人來說已是500年來最重要的社交傳統，因此，走在街上到處可見水煙館和餐廳。我說服了不想花大錢的兒子找了一家傳統的中東餐廳，入境隨俗嘗試抽水煙，兒子問了價錢？35 ADE，買一個經

驗很值得。

水煙壺身像一個玻璃水瓶，底座用來裝水。水可以清潔燃燒的煙草噴出的煙灰，是為了過濾尼古丁；壺身上面是煙碗，是一個盛裝炭與灰的小金屬碟子；煙管連接著壺身，一個壺可以插多個煙管，也可以一個煙管換濾嘴。我們在草莓、蘋果、柑橘、水蜜桃中很難選擇的挑了蘋果口味，因為每個口味聽起來都很想試試。其實水煙只有30%-35%是煙草，大多嚐到的是水果蜜糖和香料的氣味，沒有抽煙經驗的我們剛開始直嗆喉，後來就比較順了。

大兒子感覺到有點暈暈的，問老闆：這是正常的嗎？老闆說第一次嘗試都會如此。老闆問我們何時離開？我們回說明晚的飛機，老闆熱情地說明天十點開店若能再訪，他要送我們一壺再試試。我們在煙霧繚繞的蘋果香中找尋杜拜新舊城的天際線，欣賞這幅人工美的畫作，也找尋人情的溫度。

＊

豪氣的杜拜擁有很多世界第一，莫怪其有霸氣的資格。

世界第一大購物中心——「杜拜購物中心」裡國際各大品牌聚集，每一家商店都是旗艦店，都在爭奇鬥豔，爭聲勢、排場、噱頭與創意，誰也不願屈居人下。

世界第一大高塔——「哈里發塔」，當直達快速抵達第124層，跟著指引來到戶外區，眼前的景觀就足夠旅人們張口結舌。我到過世界不少城市的知名高塔，然而，這座哈里發塔的壯闊難以言喻。旅人們在每一扇窗前駐足流連，每個窗景都留下了杜拜發展的歷史痕跡。

跟著指引，拾級到第125層樓，感覺坐在世界的頂端，博覽這座阿拉伯聯合大公國人口最多的城市──杜拜，作為阿拉伯聯合大公國的經濟中心，他，名不虛傳。

要上「哈里發塔」前建議事先網路購票，預約登塔的時間，可節省排隊的時間。日落時間的票價是最貴的，因為景色最迷人，幸運的話可以見到夕陽西下，高樓燈光亮起。雖然我們買了2點半入場的便宜票，但我特別在西洋情人節這天和兒子登上世界第一高塔，期許他們也能視己之能力繼續努力登上自己設定的人生高塔。

曾是世界「最高」飯店建築──七星級「帆船酒店」，雖然已被香港麗思卡爾頓飯店（490米）超越，但其響亮的名聲還是高不可攀。20世紀90年代初杜拜王儲穆罕默德酋長想要讓杜拜也有一座像艾菲爾鐵塔一樣世界級的城市地標，他受到了帆船的啟發，於是建成了這座帆船造型的酒店──阿拉伯塔。

「帆船酒店」是不隨便開放給遊客的，除非入住或用餐，用餐也是得看你在哪一層樓的餐廳，才能通往那一層樓。小兒子事先在國內進入他們官網預訂最便宜的下午茶一樓餐廳，寫信詢問相關細節，對方立即回覆，詳細而有效率，其服務確實稱得上是七星級的。

我們從拉美朱沙灘散步往「帆船酒店」方向去，一路上見到加長型的超級豪華大禮車接送著貴賓。感覺帆船酒店就近在眼前，卻走了快半小時還沒到，走進「拉美朱海灘酒店」因為「帆船酒店」就在他的後方，我心想也許有捷徑，若能順便順利進去參觀也不錯。我們穿越大廳的兩座餐廳走到戶外區，往「帆船飯店」感覺又更靠近了，不過小兒子已經看到有警衛在一個出入口，應該過不去了。我拿著事先列印的訂位憑證，詢問服務台，體貼的服務人員

可能看我們3點的預約迫在眉睫，便安排高爾夫球車一路送我們過去，我們坐在車上吹著海風，欣賞沿路「拉美朱海灘酒店」的戶外設施，總共經過了兩個檢查站，終於見到了通往「帆船飯店」的那座大橋。

「通常印象深刻的都不在預定的行程裡，人生到處充滿驚喜呢！」下車時我對兒子說，我們同時感謝司機的服務。

站在「帆船飯店」看「拉美朱海灘酒店」，兩家各具特色，前者有股高不可攀的趾高氣揚，老氣橫秋的唯我獨尊；後者較平易近人，似乎正在虛懷若谷的韜光養晦。但各從其一看對方，或似有「我見青山多嫵媚，料青山見我應如是」之惺惺相惜。

進到飯店大廳，其設計極盡奢華之能事，金光閃耀的裝潢與擺飾似乎訴說著杜拜的雄心壯志。我們單單在一樓和二樓大廳就把每個細節鉅細靡遺地全部裝進了眼睛裡。

*

「阿聯酋購物中心門口」像是名車展示中心，旅人們有秩序地排隊跟名車拍照，也成為另類的景觀，這些車牌可都是四個號碼的貴族豪門車，有別於尋常百姓的五個號碼車牌。一輛黃色藍寶堅尼的車主在駕駛座前的玻璃放了一個提醒：「可以拍照，但不要觸碰。」大兒子興奮地跟著排隊輪流拍照，我想起他兩歲多時寶貝著一輛輛的玩具車，總能準確說出廠牌車款，沒想到現在已經20歲，考上駕照有資格開車了。

我從不感慨騏驥過隙，因為歲月會累積成長，人生也不會有白走的路，於是，只求近水惜水，也能知零珠碎玉。

在杜拜的機場貴賓室，兩個到印度做生意的丹麥人，和我們併桌，外文系的小兒子以流利的英文跟他們愉快暢談——北歐的旅行經驗、教育體制、社會福利、兩岸差異聊到未來AI，我為兒子感到驕傲，旅行竟在毫無痕跡中為他們的人生注入了生活的底氣與勇氣。

我們都喜歡這樣隨興的行程，可以細嚼慢嚥城市的節奏，不管是在街角遇上美好，或是有冒險、意外了更深刻，總之，只要找回初心，就能在親情的流動中找到溫度，幸福就能成為永恆的溫度。

將刊登於《今日生活》。

遇見老城「南京」的人文底蘊

南京有2,500多年建城史，對於這座老城，我有很多綺麗的想像。學生時代閱讀筆記小說和詩歌時，揣想著文人筆下在「南京舊院」（高級煙花巷）裡討生活的名妓，各個才貌雙全，也各有其悲歡。親自到訪秦淮河，身歷其境，方能感受其老城的底蘊——「烟籠寒水月籠紗，夜泊秦淮近酒家。商女不知亡國恨，隔江猶唱後庭花。」；「朱雀橋邊野草花，烏衣巷口夕陽斜。舊時王謝堂前燕，飛入尋常百姓家。」

孔子的弟子尊稱孔子為「夫子」，南京夫子廟就是位於秦淮河北岸貢院街的「孔廟」。見到古代最大的科舉考場——「江南貢院」，想起自己一路在求學應考過關斬將的戰戰兢兢、如臨深淵。五專考插班大學，在個位數的錄取名額中最後一名錄取；研究所碩士班，我是唯一一個外校生錄取；進入學校任教，在職考博士班也順利在懷著雙胞胎的大腹便便再進入校園當學生；四年取得博士學位，一向嚴肅的指導教授竟在口試時感性地跟口試委員說：「我這個學生不聰明，但是很勤奮。我一路看著她從女孩變成人母⋯⋯」感恩求學路上遇到嚴格的好老師要求我、指導我；也感恩遇到不適任的老師，讓我在教育的場域中更加警惕自己。

雖任教已25年，但考試的夢魘卻難以甩開。上個月還夢到為學測大考監考，明明核對了考生的名字和試卷，卻在學生翻開考卷時整個大亂；而在考生中還有國中時清湯掛麵的自己，看到試題一臉

恐慌，題目都是不會答的。以前讀到吳敬梓說：「三場考試把人變成鬼。」以為自己很是「鬼」了，沒想到見到「中國科舉博物館」裡提供給要考九天七夜的考生的獨立小包間，對比自己當年一天半就能完成考試是很幸福的。這個狹窄的「號舍」就只有上面當書桌、下面當椅子的兩塊木板，睡覺時就將兩塊板拼為床；裡面還有一枝蠟燭和一盆炭火，考生可用來取暖和做飯。

其應考過程的艱辛還不只於此，據說江南地區考生常多達一、兩萬人，考生必須於考前一天的半夜從只有一個門入場，那麼多人要經過點名、防止舞弊的搜身，場面想必是相當混亂的。曾發生考生摸黑進入窄門後，連自己的號舍都還沒找到，就被擠入水池淹死的悲劇。

慢遊老城，聆聽建築說歷史

「中華門」是南京的13個城門中，規模最大名氣最響亮的。其設計像個甕，相當巧妙，以「甕中捉鱉」這句成語來形容最適合不過——把敵人引入後，放下閘門，切斷其退路，城中的伏兵利用安排好的落石展開攻擊，故別名為「甕城」。左右兩邊各有馬道，可以騎馬登城。馬道下設14個藏兵洞，在作戰時方便士兵埋伏，還可以貯備物資，據估計可容納三千人。沿著城牆南路走，聆聽老城訴說歷史。

南京有很多家「先鋒書店」，我覺得「老門東」的這家因其老宅的建築與設計很能提供旅人們歷史、文化、古城探索的能量。相對於網路時代的數位化，實體書店對我而言有著說不出的踏實，書

店裡的書香老靈魂，散發出一種擁抱書本溫度的氣質。

　　旅人們還可以細細咀嚼「老門東」的街區，歷史建築和文物被保護改建留存了下來，除了百年老店、古玩會所、美術館、名人工作室，還有民宿的精品酒店，舊瓶新裝的重現了古時的繁華。

　　關於南京的「新」與「舊」的對話，還有一個類似我們華山和松菸藝文區的「1865文化創意產區」。1865年，同治四年，李鴻章在南京創立了金陵機器局，是南京的第一座近代化工廠；這座兵工廠到了20世紀末起，成了航空工業基地，中國神舟七號的火箭系統就在這裡生產；21世紀這裡成了「1865文化創意產區」。

　　七萬坪的面積裡保留了九棟清朝建築、22棟民國建築，像是一座中國工業建築歷史博物館。如今創意、設計、科技、文化以及展覽的產業入駐，讓老廠房回春。

　　在綠樹環抱的老建築中上班，我覺得不文青也難吧！而且對於在園區裡尋找靈感，人與環境的撞擊，一定是相當順心如意的。

遇見南京美好的人情

　　拜訪一座城，旅人們常會因其文化底蘊、景緻、人情而留下記憶消費的印象。細細咀嚼在南京的六天，最讓我難忘的是遇到的「人」，那也是最美的風景之一。

　　在南京的第一天晚餐，我們隨意找了家應該很地道的新疆燒烤，因為在餐廳外掌廚的老闆就是輪廓很深、長得像外國人的維吾爾族人。

　　我和M在菜單上點了牛肉串和羊肉串各一支，還有羊排和其

他。身型高大的老闆娘檢視著我們的菜單說：「肉串沒有烤一串的，至少要五串。把一都改成五……」轉身又去忙其他客人，留下一頭霧水的我們。

隔壁桌四個年輕人似乎正在討論著他們的肉串。M便順勢詢問他們，我們對於老闆娘所言的理解是否有誤？他們卻跟我們說他們剛剛點了很多肉串：「凡『串』的都不要點了，等等分給你們就好。」我跟他們解釋因為才剛買了滷味，所以吃不了五串那麼多。我們說再算錢給他們，他們也婉拒：「沒事！兩岸一家親嘛？」烤肉串還沒來，他們已經拿了烤饅頭、韭菜串和烤茄子到我們桌上了。我們請他們喝啤酒聊了起來，他們對台灣政治頗有興趣，還問我們總統選舉會投票給誰？最後才知道這四個年輕人非常優秀，是ICBC的員工。我們交換了微信，他們說在南京有任何問題都可以找他們，我們也邀請他們到台灣來旅行。

第三天中午，在頗具老城南懷舊特色的人文旅店——「青果里」退房，準備離開時，服務人員從冰箱裡遞了礦泉水給我們：「外面天氣熱，帶上兩瓶水吧！」我再次回望庭院中那棵與牆共生的巨大泡桐樹，感謝這樣的旅宿人情，也祈願這間旅店能有大樹的旺盛生命力繼續帶給旅人們深刻的懷舊體驗。

傍晚，搭地鐵要往「南京眼」的方向去，跟地鐵公安詢問了換零錢的櫃台。換好零錢正準備操作機器時，另一個公安馬上過來關心我們要到哪一站？還大概指導了我們該怎麼操作才離開。

回程在「絕味鴨脖」麻辣滷味店挑滷味，準備回酒店房間配雪花啤酒，老闆問我們從哪裡來的？「難怪你們講話口音跟隔壁賣奶茶的很像。」她一臉恍然大悟。我見對面亮著燈的公共廁所：「老

闆：對面的公廁乾淨嗎？」老闆說：「乾淨，不過這麼晚了恐怕衛生紙沒有了。」同時間她已經轉身進到裡面拿出了一小疊衛生紙遞給我了。離開洗手間，又經過她的店面，她揮手跟我道別，我又特地進去跟她道謝：「真是謝謝您，裡面真的沒有衛生紙了。」

我們很幸運，接收了南京體貼善良的美好人情，那樣的懷舊滋味，將會在我的旅遊記憶硬碟裡永存。

在全江蘇最高的酒吧微醺

「南京綠地洲際酒店」坐落在鼓樓廣場的中心地帶，客房都在45層樓以上，客人可以直接在房間內就欣賞到南京市天際線的景緻。我們入住酒店52層，可以透過一大片的落地窗俯瞰與爬梳整座南京；酒店45樓還有個戶外酒吧和觀景台，感覺也可以更親近整座南京城。

我們特別查詢了日落的時間，預約酒店78樓——全江蘇最高的酒吧，點了兩杯雞尾酒。從欣賞日落餘暉，到高樓街燈漸漸亮起，一個難忘的微醺南京夜晚，增添了我們南京行的靜好回憶。

我是用旅行記憶的人，在南京的第二晚，發生了一件神奇的事，回到「青果里」旅店穿越戶外庭院上到二樓，通往我們的房間會經過一個開放的小型圖書閱覽室。我一眼掃過桌上放滿的書，然後走到後面的書櫃上，眼睛瞄到「心靈」兩個字，隨手抽了出來——《給心靈一次放鬆的機會》——下面的副標題是：「我的聖雅各布之旅」。我的天啊！難道，真是聖母在招喚我？下個月要去西班牙走「聖雅各之路」，出發到南京前看了電影《我出去一下》，

這是改編自德國知名喜劇主持人Hape徒步走完800公里的朝聖之路的真實記錄，當時我就很想去找這本書，可是一忙就擱置了，沒想到居然在南京讀了簡體字版，很難形容這條路的魔力，已經在我的南京微旅行開始發揮效力了。

　　我不確定當我走完最後120公里的「聖雅各之路」會得到什麼啟發？但能確定的是，我會永遠記得在南京這個迷樣的夜晚、這本聯結了前後出走的書以及當下閱讀的心情。

原載於《明道文藝》，2019年11月，第479期。

我獨特而神奇的西班牙「聖雅各之路」

　　2019年3月初聽聞學妹和朋友約好要去走西班牙「聖雅各之路」（Camino de Santiago）最後的118公里，我只問自己：如果沒有去，日後想起來會不會後悔？於是，隔天就訂機票加入了。

　　第一次聽聞這條路是去年在電視節目上看到走完800公里的旅遊作家謝哲青的分享，當時內心就很有觸動。我沒有任何宗教信仰，但每次進入教堂總有一種難以言喻的平靜。2015年，我到立陶宛維爾紐斯的老城區，穿過中古世紀城牆九個城門中唯一僅存的──「黎明門」，從旁邊建築的樓梯上到城門，見到了教徒認為靈驗無比的文藝復興時期的「黑面」聖母瑪莉亞像，我虔誠祈願，也隨喜奉獻，還帶了明信片回來貼在冰箱上，此後都感覺受到庇佑，總能心想事成。這促使我更想要去走這條朝聖之路。後來，才知道我常拿來自勉和鼓勵學生的《牧羊少年奇幻之旅》：「當你真心渴望某件事時，全宇宙都會聯合起來幫助你。」這本全球暢銷小說的作者──巴西的保羅‧科爾賀，正是在他人生遇到瓶頸時，完成了這條朝聖之路而寫就。我的神奇朝聖之路尚未展開卻已呼應了李叔同所言的：「念念不忘，必有迴響。」

　　39歲順利升上教授，我請博士班研究所德高望重的金榮華所長吃飯分享我的喜悅，金老師問我：「拿到教授了，接著有什麼計劃？」我毫不考慮地回答說：「老師，我只想吃喝玩樂。」金老師似乎心有所感：「妳這麼早就能有這樣的體悟。」40歲以前，都在

努力積累學經歷為自己增值，賺錢、存錢；40歲以後，只求穩定，投資自己的快樂，必要的享受「物質」，值得為自己輕鬆花錢，因為花在自己身上的才是錢。

朋友得知我要去走「朝聖之旅」，第一個反應：那是條辛苦的旅程。對年輕人應該是的，但我們四個熟女有共同的價值觀就是：愉快「花錢」。

朝聖之路上有大通鋪的「庇護所」，很適合年輕人窮遊，有些是由修道院改建成的朝聖者客棧，就像年輕時當過背包客入住的青年旅館，可以認識來自世界各地的朋友。但庇護所是無法事先預訂，所以多數朝聖者會早點出發，好提早走完一天的行程去搶評價好的床位。半百的我們瞭解自己的限制，我們全程住飯店或民宿，房間都訂單人房，每個人都有怪僻，不需要彼此遷就。況且每天走完20公里，回到房間要全然放鬆和洗衣服；又若「同居」遇上睡覺打呼，睡眠品質不良，鐵定影響隔天的行走。且庇護所規定朝聖者早上8點之前就必須離開，但我們想要在飯店睡到自然醒，毫無壓力地好好享用早餐後再出發。

我們預計在馬德里和巴塞隆納各多待了三天城市遊；中間有六天徒步行走，若背著大背包會造成負擔和疲憊，於是，事先安排好專門運送行李箱的公司每天早上將行李運送到下一個飯店，我們只要背著簡單的行囊就可上路。

1998年就被入選為世界遺產的西班牙「聖雅各之路」和其他三處並列為跟「道路」有關的世界遺產──「印加路網」、「紀伊山地的靈場和參拜道」以及「絲綢之路：『長安－天山廊道的路網』」。我本來就愛走路欣賞途中風光，能夠在世界遺產的巡禮路

上走六天該是多麼特別而難忘。把事先該安排的都瞻前顧後確定後，就可以大膽恣意專心徒步在這條1,200年的古道上和自己安然自在地對話了。

　　長途飛行很辛苦，兩位旅伴事先在網路上加價購買了靠走道的座位。根據我的旅行經驗，早起的鳥兒有蟲吃，我提早到機場報到且非常有禮貌地跟地勤小姐要到了走道的位置；第二段杜拜飛馬德里在轉機的櫃台也順利拿到走道，似乎「聖母」已經開始庇佑我了。抵達西班牙，通關時，海關得知我們在馬德里過兩夜，就要去走朝聖之路，露出了驚訝的表情，接著很嚴肅地提醒我們：「仔細聽我說，馬德里治安非常不好，一定要特別小心。」這真是我遇過最溫暖而真心的海關了。

＊

　　「麗池公園」是馬德里最大的公園，16世紀時是西班牙王室的離宮，19世紀開放為當地人休閒運動的公園。我們的飯店就在麗池公園附近，我們把這座擁有一萬五千棵樹以及兩座人工湖的超大公園當作為「聖雅各之路」暖身。

　　這兩天我們用雙腳拜訪了馬德里的景點，只有一天晚上搭計程車回飯店。距飯店不到三分鐘的車程有個車站，我特別拍照詢問櫃台那是不是火車站？櫃台給了肯定的答案。我和兩個旅伴的行李箱比較大，最後決定明天還是搭計程車去搭火車。當天早上計程車司機很有耐心地把四個行李箱放進後車廂，我同時跟他抱歉不好意思那麼短的路程，然後比劃著往左前方的方向，但他似乎聽不懂英文，最後我只好拿出火車票跟他確認我們要去搭火車；但是他卻指

著另外一個相反方向，然後很肯定地念著：CHAMARTIN，這的確是車票上寫的。順利抵達CHAMARTIN車站後，已經是10公里之後了，我們才鬆了一口氣。如果不是多說了一句話、拿出了車票，我們可能就直接到前面的車站了；發現錯了，再一來一回也有可能趕不上火車了。

我上網查詢，原來馬德里有兩個火車站，另一個就是我們原本以為的ATOCHA。生活中有很多的「自以為」，我們常會因此自我設限而高估了自己的能力與判斷，這是這件事給我的啟示。

熱絡的站務人員告訴我們看板尚未顯示月台，語言不通還拿出手機翻譯溝通，等到月台確認後，還來指引我們方向。

在月台依序排隊才發現這列車的乘客幾乎都是背著背包的朝聖者。要搭六小時的火車才會到我們朝聖之路的起點，所幸窗外景致變化，還有餐車車廂裡的輕食可以享用，站在吧檯前欣賞窗外美景也是享受。

火車抵達SARRIA小鎮，全車的朝聖者很有默契地鼓掌歡呼，完全不用擔心睡過頭。

拖著行李找到民宿，熱情的老闆已經在門口等候我們，看到我和其中一個旅伴的大行李箱後給了我們一個「昏倒」的表情，接著跟我們說房間在五樓。兩個拿著小行李箱的旅伴已經自己往上走，老闆兩手扛著我們兩個大行李箱往上走，但是走到二樓，他便放棄了，拿了兩把鑰匙，開了兩間大房間給我們，我們喜上眉梢，然後他把手放到嘴邊比著要我們閉嘴不要多說話。我還是忍不住跟住在五樓的兩位旅伴炫耀，旅伴嚇我說：「房間那麼大幹嘛？不怕嗎？」這次旅行我的目標之一也是要訓練自己一個人睡覺。

晚餐點餐時，老闆一直推薦我們西班牙有名的番茄冷湯，用餐時我們四個喝了一口後，望著那鍋湯，不約而同的結論是：「好想拿去微波加熱喔！」

我們把保溫杯拿出來跟老闆要了熱水，他似乎難以理解我們怎麼那麼愛「熱」飲……。隔天一大早跟我們道早安、送上早餐後，立刻問我們："Hot water?"

*

在即將展開六天的徒步起點前，我們先到一家商店選購「貝殼」。傳說「聖雅各」的遺體隨著水流漂到伊比利半島北邊，遺體被發現時，有很多貝殼覆蓋著聖雅各，像是在保護著他。

古代朝聖者抵達聖地牙哥，不像現在有紀念物可買，只好再走到更遠的加利西亞海邊，撿拾扇貝以證明完成了朝聖之旅，而且他們在行走途中，也會拿櫛孔扇貝舀水、盛裝食物，法國餐裡的「奶油扇貝」據說就是由此而來。

我們在起點就看到扇貝形狀的指示牌，往後途中也會一直出現貝殼的路標，這些指示牌都是指往終點大教堂。貝殼上有九條放射狀路線，象徵著每一條都直指終點的聖地牙哥。隱喻著朝聖之路是開放而自由的，不管你從何而來？宗教信仰為何？為何而走？徒步？騎車？騎馬？最後都會殊途同歸，然後再各自回到自己的日常，完成自己此生的功課。

現在每個朝聖者都會掛著一個櫛孔扇貝貝殼在背包上、衣服上或胸前，有一種安心，就像貝殼也守護著他們一路平安，就是「護身符」的概念。很多商店也都販售著各種扇貝，而聖地牙哥出產的

扇貝已經成為祝福與保佑的象徵。

　　這條路每年會吸引20至30萬人來朝聖，因為沿途的風景實在太迷人。尤其8月初，20幾度舒服的好天氣，健走起來更是暢懷，難怪這條路被歐洲人列為度假兼觀光的熱門路線。

　　一路行走不用擔心迷路，因為會看到一直出現的「黃色箭頭」。據說當年村民捐獻了各種顏色的油漆為教堂維修所使用，完工後剩下最多黃色油漆，而明亮的黃色即使在天色稍暗仍很清楚，於是，教會人員為了指引朝聖者，便在教堂附近都漆上黃箭頭，此後，天長日久「黃箭頭」便成了指引朝聖者的象徵。

　　黃箭頭就像人生中的燈塔，有時你的生活就是不想走在「正路」上，就有說不出的原因想要去走走岔路，叛逆一下、見識一下不一樣的自己，看一下難以預期的風景，可是最終還是要走回正路，這時再找回心中的「黃箭頭」就很重要，可能是一個理念或一個目標。

　　今早7點出發，早餐很簡單。走到12點肚子就餓了。沿路我們一直在等餐廳出現，終於看到「刀叉」的指標，有動力走得快一點。進到餐廳菜單還真只有輕食，先點了白酒和雞塊。簡單吃喝又上路，走了一段，突然聞到烤肉香，二話不說進去點了牛肉和紅酒，方才滿足。結論是想吃好料要等2點後，這才是西班牙人的用餐時間。另外，麵包（PAN）是有算錢的，如果你不想要可以先說，有的餐廳會直接送，有的則是會先詢問。

　　在這條「酒比水便宜」的路上，美酒美食真是令人難以抗拒。帶著微醺的心情繼續上路，突然下起了陣雨，穿起雨衣順便保暖，根據氣象預報這是六天中唯一會遇到下雨的一天，就在迷濛中好好

享受雨景吧！

　　沿途有不少提供給朝聖者的各種補給，有的免費，有的隨意樂捐，對於走800公里的朝聖者，這些零食、甜點和飲料真的很貼心；也可以看到販賣相關紀念品的小攤，不過實在不允許我們逗留。

　　終於到了Portomarin，今天完成了22公里，但走進去飯店還要一公里呢。這條沒有景色的石頭路顯得很漫長。今早從民宿走到起算點也有一公里，今天實際走了24公里，我們錯估距離，走到後面都開始自我懷疑了，怎麼會花了九個多小時，實在太誇張。明天25公里，得要專心走，沿途不能太貪玩了。

　　還好天色將近十點才天黑，晚餐點了可以抗發炎的紅酒。今晚入住的小木屋一人一棟。還好真夠累了，不然這麼大的房間我還真有點怕怕的。睡前抬高了雙腳：「辛苦了，我的雙腳，明天還要繼續加油喔！」

＊

　　昨晚跟櫃檯約6點30分就要吃早餐，對方其實比較想約7點，可是昨天實在走太久了，今天公里數又是六天中最長的。走出小木屋天還很黑，我們打開手機的手電筒進到餐廳。用餐到一半，又遇見昨晚隔壁桌晚餐的西班牙人，她說昨天他們才走了四個多小時，我們當下聽了快昏倒。決定今天一定要認真走。還好我們四個中有個旅伴不喝酒、負責管公費也幫我們踩煞車。她說：「今天中午只能喝一支酒，妳們就是『變本加厲』……」另一個頂嘴說：「什麼變本加厲？我們這叫『成長』……」

　　離開前，櫃檯的年輕人說可以開車載我們到外面的起算點，我

們雀躍不已。我拿了之前在「華山」拿到的小贈品——隨身小風扇送給他當禮物。沒想到這裡天氣涼爽，根本用不到。他看到LED燈隨著風扇開啟而發亮，覺得很特別，說他沒見過這種東西。

少走一公里這麼開心？旅伴說：「我們是來走路的耶！」另一個說：「我們是來喝酒的。」我覺得有美景相伴，美食、美酒等待，走起來更有動力。

今早起霧，穿越高速公路時，遠遠就見到警車的警示燈要來往的車輛注意隨時有朝聖者要過馬路，還有幾位警察為我們指揮……怕大家沒見到路標。

今天一直在途中的教堂、餐廳見到排隊的人潮，我們也趕快拿出「朝聖者護照」參與這個據說是全世界最早的集點活動。

旅人們出發前在朝聖者中心、教堂或旅店就可以購買一本兩歐元的朝聖者護照。然後沿途在擁有各自印章的教堂、餐廳、酒館、飯店蓋章，以證實徒步的路線，抵達終點後，就可以拿蓋滿印章的護照到終點的辦公室換取證書。

這條朝聖之路，其實也像人生之路，成長的路上你要堅持不懈，在學校經過成績的考核，拿到畢業證書，上面的戳章證明你的努力；進入職場從面試到任職、升職一關關過關斬將，需要經過很多人的印章驗證，我們在每個人生的階段蓋上不同印章，每一次的「集點」都豐盈了生命。

經過田野出現了牛群，大家都異常興奮，紛紛拿出手機錄影。牛隻在主人和被訓練過的狗狗的管理下循序漸進通過鄉村小路。我直喊著午餐要吃烤牛肉。

沿途好多餐廳，一直在看菜單有沒有烤牛排。最後心想事成，

雖然不是烤牛排，還是吃到煎牛肉，配「一支」紅酒。

　　午後，途中遇到一位說華語的馬來西亞法師，因為想體驗不同的宗教所以來走這條天主教的朝聖之路。我跟他聊起「未來」，他說：「每個人的未來都是可以不斷改變的。隨著你不斷做出的每一個決定而改變。但為什麼有時你覺得你沒有選擇呢？那是因為你過去的因而形成的果。然後，你就做你最容易的選擇，接著你就繼續受苦下去。」這段話非常有哲理。

　　下午3點多，我們就完成25公里抵達Palas de Rei，原來人的潛力無窮，我們總需要動力和羞恥心往前進。經過最難的今天，明天之後就無敵了。

＊

　　還沒離開Palas de Rei小鎮，就被一家商店吸引進去，裡面有很多朝聖紀念小物可「敗」。好像腳掌和後跟也不覺得痛了。

　　走在這條世界最美的徒步路線上，感覺好幸福，一路上映入眼簾全是美景，穿越大小城鄉、公路、教堂、森林、田園、溪流、荒野，永遠不知道下一個轉彎會有怎樣的景色等著。這不也正是人生這條路有趣之處。

　　"Buen Camino" 是在這條路上每個人都會說的問候語，就是祝福一路平安順利的意思。特別是當有人要超越你、後方有自行車急駛而來或者高高在上的騎士從遠方騎馬而來，都會高喊著：Buen Camino，提醒大家注意，同時也感謝讓路。

　　11點coffee time，我點了當地特產的檸檬啤酒，這是一個從廣東中山大學來走800公里的學生極力推薦的。坐在戶外區品酒，順

便伸展，沒想到意外又偶遇牛群，近距離擦身而過很刺激。

加里西亞自治區位處歐陸最西端，臨大西洋的海岸有許多的港灣，可品嚐物美價廉的海鮮；又因其全年氣候溫和潮濕，是白葡萄酒著名的產區，且當地放養的牛肉也以肉質鮮甜聞名。看到牛，我們還是念念不忘我們的烤牛排；對了，傳說中的水煮章魚怎麼都還沒出現？

午餐時間，終於有餐廳出現了。老闆在門口招呼我們，我們拿著「水煮章魚」的圖片給他看，他比劃著往前走才會有；我們又拿出「烤牛排」的圖片，但有點溝通不良，聰明的老闆直接讓我進到廚房，老闆娘端著一鍋紅酒燉牛肉到我面前，還用小湯匙讓我試吃她剛煮好的燉飯。老闆誠意十足，我們也就坐下來用餐了。看我們把整瓶自釀的紅酒配完牛肉吃得津津有味，最後還送了四杯自釀的不同口味高濃度的酒，還有浸泡紅酒的小蛋糕給我們。結帳時，不可思議的25歐，真的太誇張的便宜。

午餐後，走沒一個小時，經過一家餐廳看到門口水煮章魚的圖片，還是又忍不住駐足，那就任性地來支白酒搭配吧！水煮章魚和橄欖油交纏，加入少許的鹽巴和香料調味，的確唇齒留香。走這條路線，就喜愛美食的旅人而言是不可能減肥的。

今天的路程上、下坡，雖然才15公里，卻不好走，難度比昨天高一級；還好微醺相伴，一路和旅伴們嘻嘻哈哈抵達Melide。

＊

早餐吃吉拿棒沾濃郁的巧克力，滿滿的能量出發。迎接今天的15公里。

今天沿路見到當地人門口很特別架高的的房舍，後來，發現似乎是以前用來「儲物」的，因為有一間上面出現了文字。一邊寫著「信件」，另一邊寫著「麵包」。現在多數是用來裝飾用了吧！

我很享受這樣有旅伴的走路。想自己獨處時，放快腳步往前走；需要朋友時，放慢腳步或停留伸展等她們。有時你可能只需要一個朋友同行，說說心底話；有時你可能渴望一群朋友在身邊分享喜樂。不用擔心會迷路，志同道合的朋友方向都是一樣的。現實生活中，能夠彼此理解、相互幫助、惺惺相惜的朋友不也是如此。

途中遇到一個黑頭髮重裝備的男生主動跟我們打招呼，得知我們來自台灣，他說他從上海來。沿著加利西亞海邊的路線走了大約600多公里了，預計後天就要到終點大教堂。我跟著他的步伐邊走邊看他手機裡的照片，海邊的景色真的大不同。他說他隨身帶著毛筆，只要經過可以寫字留言的地方，他都會寫上「一路順風」，大家都覺得很特別；我說：「是啊！外國人對於我們的文字很好奇，覺得我們每一個人都是畫家呢！」告別他，讓他繼續趕路，一停下來回頭找旅伴，望遠還不見人影，這才發現氣喘吁吁。

人生的路途上遇到強者，跟著前行，雖然辛苦，卻有可能激發你想像不到的潛力，盡快達成目標。

走在鄉間小路突然見到自動販賣機，這會是很違和的衝突記憶。

穿過美麗的鄉村道路、中世紀的橋樑、潺潺的河流，進入一片鄉村美景後，下午3點多抵達Arzua。看到房間的浴缸和吹風機真開心，不用擔心汗臭的衣服和襪子乾不了了，還有時間換上乾淨的衣服到小鎮閒逛一下，並且好好享用晚餐。

*

如果平常就有運動習慣的人，走這最後的118公里，其實是很輕鬆的。網路上很多業配文大家自己要斟酌，翻案如下：

1. 簡單的運動舊鞋就可完成，根本不需要特地去買某個品牌的鞋子。

2. 如果你的經費有限，其實簡單的背包就可以上路；特別去買健走背包，其實背包本身比裡面要裝的東西還重。

3. 手杖和護膝因人身體狀況而異。有需要的人，利用手杖和護膝可以幫助節省體力、保護膝蓋，總之，慢慢走就行！但就我而言也是不需要的，因為下坡的路不多也不算陡。途中也有人在賣或租手杖，萬一需要再處理就好。

4. 沿路很多免費或商店販賣各種補給；水也是沿路水龍頭轉開就可以裝進隨身的空瓶喝。

5. 我帶一個準備要丟掉的後背包，裡面只帶著保溫杯、護唇膏、防曬油，還有可能突發狀況所需的藥品，比如：凡士林、百靈油、紙膠帶。

6. 這邊很多相關用品店都很便宜，幸運的話還可以遇到打折品。旅伴就買了好幾件新T恤。

出發前最擔心的是上廁所的問題，電影裡演的「就地解決」；網路上分享的：要避開蹲下來碰到會過敏的草。我們前兩天還很有羞恥心，會先找個偏僻的叉路，等人群都過去，輪流把風進到草叢中方便。後來，臉皮厚了，只要沒人就能在叉路邊快速完成。而且旅人們似乎都很有默契，只要遠遠看到有自行車停在路邊或有人站

在路邊，都會眼光直視快速通過。我反而喜歡上這樣可以暢快喝水沒壓力的行旅。

走在這條路上跟義大利人最有緣。三次和第一天晚餐隔壁桌的義大利姐姐相遇；還有兩個義大利年輕人，跟他們聊起我去過的城市，又更拉近距離。

一邊走著一直被超越，歐洲人腿那麼長，難怪腿短的我們一直被超車，預估完成的時間也都比較長。還看到好多人很聰明，把前一晚未乾的衣服晾在背包上，還有人兩邊是掛著最不容易乾的襪子。

途中又遇到排隊人潮，原來是個藝術家在幫旅人的朝聖者護照手作裝飾，用蠟燭封印，或用花瓣點綴；還有街頭藝人的蘇格蘭風笛的表演，大家都不吝捐獻呢！

我的檸檬啤酒時間到了。旅伴邊喝咖啡，邊「花癡」欣賞隔壁桌哪個年輕人比較帥氣？哪個笑容最迷人？不過說著別人聽不懂的語言，開心地品頭論足挺有意思的。其中一個年輕人看我們準備離開問：「要不要幫妳們合照？」我說：「她們比較想跟你們合照。」他們受寵若驚大方應允，於是，我們又留下一張未來的回憶。

與梵蒂岡、耶路撒冷並列為基督教最重要的三大朝聖路線的「聖雅各之路」，所以受到來自全世界的風靡，也得力於兩部相關的影片。德國電影《我出去一下》（I'm Off Then）改編自喜劇名嘴主持人Hape Kerkeling真實行走的紀錄暢銷書。處於人生事業顛峰的男主角身體發出警訊，醫生警告他要休息，他選擇走上世界聞名的朝聖之路，途中他自傲、自私、虛偽的一面展露無遺，卻也被遇到的其他朝聖者與其遭遇而有所啟發。相較之下，我更愛美國電影《朝聖之路》（The Way）。

　　醫生父親不懂兒子為何要放棄即將取得的博士學位，而踏上從法國到西班牙800公里的朝聖之路；熱愛旅行的兒子在父親送他去機場的路上告訴父親：生命不是選擇的，而是「過」出來的。你有多久沒去旅行了？

　　兒子在徒步的第一天發生意外，父親飛到法國處理後事，最後背上兒子的裝備，帶著骨灰一起去走他未走完的路。沿途他在有所感應的標的物、紀念碑、十字架，灑上骨灰。他本只是想盡快走完，完全不想與人互動。後來遇到為減肥而走卻不停享受美食、美酒的荷蘭男人；想戒菸卻沿途一直抽煙的加拿大女人，其實是為了放下暴力的前夫以及流產的記憶；還有為尋找寫作題材而走的愛爾蘭作家，決定寫出這對父子的故事。最後四個人抵達終點後，三個朋友還陪著他再走了一段到海邊，把兒子剩下的骨灰灑完。

　　這兩部影片都深沉地探索了生命的價值與意義。

　　經過一戶人家，主人廢物利用把不穿的鞋子拿來當花器；還有一家從大門到戶外用餐區全用酒瓶裝飾的餐廳，原來老闆會要求每個客人在喝完的酒瓶底部留言或簽名。生活中無處不是創意，到處都是學習。

　　午餐後繼續趕路，今天穿越很多次馬路，馬路上有人行通過的招牌閃燈，告誡駕駛路過要小心，下午4點多抵達Pedrouzo，完成今天的20公里。

＊

　　據公元7、8世紀的文獻記載，耶穌的愛徒「雅各」在耶路撒冷遭殺殉道，他的遺體被兩個追隨者帶回西班牙，埋葬在他曾傳教的

西班牙西北部加利西亞海岸，然其墓地也隨著時間流逝而被遺忘。

西元814年，一位修士因為星星的指引，在現今的西班牙聖地亞哥・德・康波斯特拉古城發現聖雅各的遺骨。（聖地亞哥（Santiago），是「聖雅各」的西班牙語。）當時的國王阿方索二世得知後，徒步480公里到此祈禱，下令開始興建「聖地亞哥—德康波斯特拉教堂」，並讓聖雅各長眠於此。

8世紀開始，就有來自全世界各地的教徒們不畏艱辛長途跋涉，抵禦隨時出沒的搶匪，在上帝的引領下走完「聖雅各之路」去向聖雅各致意。因此，據說能夠徒步走完全程的教徒，就可以得到教會赦免他們此生的罪孽，所以這條路又被稱為「贖罪之路」。我們只走最後可以拿到「證書」的118公里，據說擁有這張證書可以洗滌罪惡，在離世後，就會減半俗世犯的罪。

今天即將完成六天的「贖罪之路」，起了大早，天還沒全亮，早餐後啟程，舒服的晨風相伴。貝殼碑石上已經出現20.585公里的倒數數字了；也陸續出現往SANTIAGO的指標了。

今天走路的心情很期待，期待見到終點的大教堂，專心走路的同時也可以感受到所有人都在放快腳步。上山有點喘，真佩服騎車上山的勇者。

第一次遇到羊咩咩，連我們一直遇到的狗狗「羅密歐」也很興奮。羅密歐很討喜，一路上的朝聖者都忍不住逗弄他。我覺得他是一隻幸福的狗狗，有愛牠的主人一路相伴。

在餐廳休息時，巧遇一個可愛的西班牙女孩，跟家人一起來朝聖；之前遇到廣東中山大學的學生，說他遇到一位80歲的德國老奶奶就在負責背行李的孫子的陪同下，要完成800公里的法國之路，

我覺得這都是最有意義的親子教育。

一杯啤酒後上路，遇上馬車車隊，也是要到康斯特波拉大教堂，難道是在招攬客人？除非是突發狀況，比如：腳意外受傷了，否則我不太認為有人快走到終點會放棄的；我們繼續趕路，已經可以遠眺Santiago城了，連馬車夫也雀躍擺姿勢拍照；小教堂的神父還到外面幫大家的朝聖者護照蓋章。

聖地亞哥—德孔波斯特拉這座古城在1985年被列為世界文化遺產。自中世紀以來，朝聖者從世界各地而來，最後聚集在這座古城，所以，聖地牙哥又稱為「繁星原野聖地牙哥」（Santiago de Compostela）。這座古城不僅是朝聖者，更是很多觀光客拜訪的古城。

進城後，喧鬧的氣氛突然取代鄉下的寧靜，一下了還真難以適應。但終點在望，興奮難掩。遠遠聽到四方而來的歡呼聲，此起彼落，應該是看到教堂尖塔鐘樓了。

抵達康波斯特拉大教堂，大家喜不自勝、歡呼雷動。我們攤坐在大教堂前的廣場，我的心情很複雜，竟難以言喻。我看到廣場上有個從藍色大背包取出頭紗戴上的女孩，身邊是她的女同志伴侶，她們在朋友的見證下完成了這個使命，正準備拍照留念；一對父母推著坐在輪椅上的腦性麻痺孩子，靜默凝望著大教堂，似乎在祈求平安；一群騎車完成目標的年輕人把自行車放在廣場上，背包整理排成一排，擺出各種姿勢全體拍團體照。年輕時，能夠和一群朋友一起完成一個使命，這會是鑴印在記憶印碟裡多麼美好的回憶，我相信也會改變他們的未來。

看著我的雙腳，我在心中對她們說：辛苦妳們了，我的雙腳。

謝謝妳們配合我任性的心智，我們辦到了。相信可以，便能成真，在《給心靈一次放鬆的機會──我的聖雅各布之旅》書中說：「它取走你全部的精神氣力，再以三倍的力量奉還給你。」未來，我會有三倍的力量去面對生活的一切。

我們終於到最後一天入境隨俗當上西班牙人3點吃午餐了。El Papatorio──是我的學生大力推薦的，他曾在這座古城當過一年交換生，連必點的菜都特別用西班牙文書寫下來給我。一進餐廳，果然客滿，服務生跟我說要等40分鐘，不過目前有戶外區剩下一桌，但她覺得可能太熱，不建議。本來要放棄了，但後來我想還是到戶外去看看好了。當服務生一打開門，一陣涼風襲來，我倆相視而笑，最後選擇坐在戶外區。點了一支白酒來配炸小章魚，還有我們朝思暮想的「烤牛排」，來享用我們的慶祝午餐。

餐還沒上，另外兩桌的客人，很快地陸續酒足飯飽離開，我們終於換到最涼快的座位，似乎又獲聖母庇佑。

回飯店梳洗完再訪大教堂已經6點鐘，我花了點時間才問到換證書的辦公室，工作人員問我是否已經拿了號碼牌？因為已經不能放人進去了，想必是大塞車了。我問了明天早上7點開門，再來試試好了。不過當下突然覺得我本來很在意的證書，好像也沒那麼重要了，重要的是我走完了。隔天早上要離開這條走了六天超過120公里的朝聖之路的終點大教堂，竟有點依依難捨。

＊

熱情的西班牙人看你在拍照，就喜孜孜笑給你拍；旅伴的背包忘在大廳沙發卻還能在櫃檯領回；用餐中間老闆或服務生會過來關

心菜色是否滿意？有一餐的海鮮飯太鹹，擔心服務生收盤子時關切為何沒吃完；只好先用google翻譯軟體先翻譯好：「食物很美味，我們吃得很開心，只是海鮮飯太鹹了，沒辦法吃完。」老闆和隔壁桌的客人聽到手機講出的西語都開懷笑了。老闆指著廚房比畫作勢要掐死廚師；隔壁桌的男客人問我們從哪裡來的？一聽到台灣，馬上說他下個月正好要到台灣賣酒；我立馬說：「賣我、賣我，台灣的西班牙紅酒好貴啊！」除了人情，美味的食物和香醇的美酒也會是我對西班牙永存的記憶。

　　回台當天，提早到巴塞隆納機場報到，料想我們應可正好四人坐一排，詢問地勤是否位置在一起？她答是；但拿到的兩段票卻都不在一起。第一段我還拿到三人座靠窗的座位，後來去貴賓室喝了香檳，想平撫一下等等將近七小時的飛行，可才想起不能喝太多，等等又要跑洗手間。登機後，還沒走到座位就有空少問我號碼？此時我看到我的位置坐了一個小女孩，空少跟我說他們是一家人想要跟我換位置。那位爸爸馬上補充一堆我聽不懂的西班牙語；我心想君子有成人之美，反正最糟也是靠窗的位子，若換到中間至少要去洗手間還只要麻煩走道一個人。我答應後，空少和那位爸爸一前一後帶我走到後面一區，然後……當我看見他們指著那個就在逃生門旁邊的後一排靠窗，前面是「空」的超級好位後，我雙手合十眉開眼笑對那位爸爸說謝謝，那位爸爸也舉手和我相握達成交易。原來，聖母繼續庇佑著我……原來，是因為位置大，第一次覺得飛機餐享用起來特別美味……這是結束14天旅程完美的句點。你要接收生命所帶來的禮物，就看它傳遞給你什麼訊息。

　　　　　　　　　將刊載於《明道文藝》，2020年5月，第480期。

穿越時空和「西安」對話

　　拜訪過世界著名歷史古都——雅典、羅馬、開羅，獨缺「西安」。有人說要看中國一百年的歷史要去上海；要看500年的歷史要去北京；要看5,000年的歷史就得要去西安。上海、北京都已讓我震撼，又怎能錯過西安。況且兵馬俑、金庸筆下論劍的「華山」、白居易《長恨歌》中春寒賜浴「華清池」都在招喚我飛往西安⋯⋯。

　　趁著航空公司機票促銷，我們和另一對夫妻好友展開四天三夜的小旅行。

　　將近四個小時的飛行抵達西安，通關後還沒出機場，便被各式餐廳的招牌給吸引，為了要留肚子進城吃大餐，所以只點了像是中式漢堡的「肉夾饃」和三秦蕎麵飴餄解饞。我喜歡麵食小吃，所以很期待這次的旅行。原來除了蘭州拉麵、山西刀削麵，眼前的三秦蕎麵飴餄也是北方麵食三絕之一呢！

　　從機場到我們訂的市區酒店大約一小時的車程，在車上，以西安為傲的師傅儼然當起導遊介紹起這座古城——「藍田人就是在我們陝西的藍田縣挖出來的。」；「我們西安就是古代的長安，為什麼又叫『鳳城』？因為武則天嘛！雖然是女人當皇帝，還是不能叫『皇城』，所以叫『鳳城』。」他還提到「買東西」也是跟西安有關的呢！為什麼不說「買南北」呢？東漢時期的商人大多集中在東京洛陽和西京長安，而俗話說的「買東」、「買西」，指的就是到

東京和西京購物，因此，「東西」就成為貨物的代稱。

車子行走在寬敞筆直的鳳城路上，這一區從鳳城一路到十路，高樓林立，也不難想像當年的風華。熱情的師傅還介紹我們到永興坊、回民街都可以吃到特色小吃。

車子轉進「粉巷」，我們入住的「東舍精品酒店」就在「粉巷」中段南院門，對於這個地址我覺得好特別，第一個想到的是「青樓」。結果師傅說：「『粉巷』以前就是集中了很多賣胭脂的店家，還沒到巷了口就可以聞到香濃的胭脂味。」我特別上網查了還有一種說法是：西安是當年的國都，每年粉巷都住滿了進城等待被遴選的嬪妃，到後來演變成各式的青樓。

晚餐我們到酒店隔壁網上評價很高的陝西菜——「江城小館」享用。果然第一道的「葫蘆雞」就收服了我們，我不愛吃雞皮，卻沒想到雞皮能炸得如此酥香，而鎖住了湯汁的軟嫩雞肉更令我們讚不絕口，絕對值得被讚譽為「長安第一味」。「褲帶麵」，當地人取名為 biángbiáng 麵，是因為麵館師傅在現場甩麵扯麵的聲音。當我把麵條送進嘴裡時，頗具彈性的麵條，嚼勁一流，拌上陝西經典的「油潑辣子」，對於深愛麻辣的我，紅紅的辣油更教我銷魂，還有麻辣豆皮和牛肚串串、老滷牛肉、糯米鴨。好友同遊，最棒的優點之一就是：點菜方便，可以吃遍美食。

至於甜點呢？女人愛甜點，我和S最期待要品嚐電視劇《那年花開月正圓》裡女主角最愛的「甑糕」。男主角每次出門一定買回去給她，當她享用柔軟細膩的甑糕時的喜悅，讓我更心之嚮往。我還曾在賈平凹〈陝西小吃小識錄〉看到他描述：「甑糕，用甑做出的糕也。甑為棕色，糕有棗亦為棕色，甑碗小而粗瓷，釉舟為棕

色，食之，色澤入目，和諧安心。」「和諧安心」這四個字更讓我期待。

菜單上有甑糕，但卻是把甑糕放在甜筒上，這和我們腦海中小販打開蒸糕的深口大鐵鍋蒸氣冒出，差異甚大，決定還是延遲享用留到街上專賣店再買。於是只點了兩個甜糕當甜點，也是相當美味。

食無定位，大廚的作品衝擊著我們的味蕾，賦予食材新意義，珍饈對每個人都有其獨特的寓意。在西安的第一餐大餐，我們用美食撫慰了舟車勞頓的自己。

「西安」就是漢唐時的長安，絲路的起點，不難想見當年來自各國的絲路商旅豐富與成就了今日西安的美食和文化。

走在青石大街上，置身擁擠人潮，彷彿穿越時空來到繁華似錦的長安城。晚餐後，我和M捨不得離開西安的夜色，隨意走到古城市中心的地標性建築——距今已有600餘年的「鐘樓」，是中國古代遺留的鐘樓中形制最大、保存最完整的。夜晚打燈，把畫棟雕梁的建築、屋簷上深綠色的琉璃瓦，襯托得更迷人。

＊

M在「淘寶」上購買了行程，一早6點50分遊覽車到酒店接我們前往「華清宮」。

「華清宮」建於唐初，是唐代帝王遊幸的「離宮」之一。宮殿依驪山地勢而建，規模宏大。與頤和園、圓明園、承德避暑山莊並稱為中國四大皇家園林。

「華清宮」以溫泉和風景秀麗著稱，更因唐玄宗和楊貴妃的愛情故事而著稱。「華清池」，則訴說著這兩人的深刻愛情。唐玄宗

執政後,更是悉心經營這座離宮,幾乎每年十月都要到此遊幸。我想像著楊玉環被李隆基專寵疼惜;也想像她擔心色衰愛弛,所以,在專用的「貴妃池」(海棠湯)利用泡湯養顏凍齡⋯⋯。

西安歷史悠久,各界人文薈萃,詩人白居易和杜牧都曾因華清宮裡流傳的愛情故事而留下後人耳熟能詳的詩作,〈長恨歌〉:「回眸一笑百媚生,六宮粉黛無顏色。春寒賜浴華清池,溫泉水滑洗凝脂。」;〈過華清宮絕句〉:「長安回望繡成堆,山頂千門次第開。一騎紅塵妃子笑,無人知是荔枝來。」今親臨現場更能揣想愛上他兒媳的60歲李隆基,是想要藉由27歲的楊玉環抓住他已不再青春的尾巴,盡情享受人生?想必楊玉環對李隆基也是有崇拜的,在她眼前的帝王,有權有勢,文武全才,能寫詩、作曲、打羯鼓,是梨園的祖師;最著名的《霓裳羽衣曲》,就是由他創作,她編舞,兩人志同道合。這樣多才多藝的男人,還能陪她談情說愛、享受生活。愛到濃烈時的如膠似漆、卿卿我我,對古代的女人來說,就算生命短暫也值得了。

除了泡澡的浴池,西安事變的遺址也是值得去拜訪的。1936年10月、12月,蔣中正兩次到西安,就下榻在華清宮「五間廳」,至今還可以看到他的沐浴池。

往山上的遺址走去,就在經過「文昌閣」時,遠遠看到身著軍服的「蔣中正」,著實嚇了我一跳。這個所謂的「總統府」門口,有工作人員在招攬國內外的遊客合影。讓我嚇到的其實是長得很像蔣中正的「郭智勇」,他原來是開車師傅,在雙親兩年內相繼去世後悲痛欲絕,懊悔自己未能達成父母期望,決定削髮明志。沒想到剃了光頭的他,朋友都說實在太像蔣介石了。他毛遂自薦,最後爭

取到「西安事變」電影《驪山槍聲》的角色。電影演完後，就接下這個扮裝合影的工作。小小的攝影棚──「總統府」正中間牆上是孫中山的大幅照片以及「革命尚未成功，同志仍需努力」的對聯，左右還有各一面青天白日旗。

1936年12月12日，西安事變時，張學良、楊虎城帶兵包抄，此時下榻於華清宮「五間廳」的蔣介石被槍聲驚醒，在侍衛攙扶下從後窗逃跑，藏於半山腰東側石峽洞內，說好聽是洞，其實是石壁略凹進去，勉強能站人。我連站著要拍照都有點不穩，不難想像蔣介石當時的狼狽。後來他被搜山部隊發現扶下山，送往西安。

「蔣介石藏身處」──現今還用紅色漆明顯標出了這六個字，而旁邊就是蔣中正被抓處所建的亭子，民國時稱為「兵諫亭」，中共改名為「捉蔣亭」。1980年代後又改回「兵諫亭」。

秋末冬初是屬於銀杏樹的，在這個最美季節裡，在山間上下，金黃的銀杏閃閃發光，不論是順著風打轉飄落或是像蝴蝶在空中飛舞，襯托著紅牆灰瓦的宮殿，也平衡了華清宮古往今來，興廢交替的淒涼，讓旅人們帶著溫暖的心情，離開金色地毯的銀杏大道。美好的心情停留在出口前的紀念品店，店裡有各個主題專區，例如：「長恨歌主題」、「來自唐朝的禮物」，都可以找到相關值得收藏或實用的文創紀念品。

*

古埃及的許多國王為了追求完美的法老形象，往往以創世者自詡，他們企圖透過大規模興建建築物、紀念物去證實自己的身分，因此許多國王在剛即位時，就開始大興土木，為的是要在各地留下

大批建築和紀念物。秦始皇即位後也和埃及法老們一樣開始興建自己的陵墓。其陵墓總面積達到50平方公里，包括現在的秦兵馬俑和秦始皇陵。秦始皇陵歷時39年，最多時應有70萬人參加建設工程，是中國第一個規模宏大、布局講究且保存完好的帝王陵寢。1987年，秦始皇陵墓及兵馬俑坑被聯合國教科文組織列入《世界遺產名錄》。

我們現在能看到保存完整的兵馬俑軍陣，全要感謝陝西省臨潼縣農民楊志發。1974年3月，生產隊長要楊志發等人為抗旱挖井，結果卻挖出了幾個黑髮紅唇的泥人，但一下子就氧化變色了，農民不懂嚇得落跑。後來，楊志發直覺附近是秦陵，有可能是文物，便和其他人將俑頭和陶片裝了三輛車，來回走了30里交給縣文化館。館長判斷是兩千多年前的文物，給了他30塊錢的獎勵。在當時饅頭才五分錢的七十年代，30元錢算是巨款。楊志發把錢上繳給生產隊長，最後他只得到了0.72元的獎勵。

然而為了保護文物，當地農民被迫遷移，很多人遷怒楊志發，他只好帶著家人到深山生活。直到1998年，當時的美國總統柯林頓訪問中國，參觀了兵馬俑，堅持想見兵馬俑的發現人。陝西省政府火速派人找到與世隔絕十多年的楊志發。政府為他換上新衣服去見柯林頓，柯林頓請他簽名。楊志發只在本子上畫了三個圈，因為他根本不識字。柯林頓感慨萬分：楊志發若是在美國，會因為發現兵馬俑而致富。柯林頓回國後，又邀請楊志發到美訪問。

發現兵馬俑的24年後，楊志發的命運卻因為見了柯林頓而起了變化，政府安排有名的書法家教他苦練八個字——「秦俑發現人楊志發」。他在兵馬俑博物館給遊客簽名、合影；之後還被任命為兵

馬俑博物館名譽館長。專職給觀光客簽名，也經常跟各國到訪的總統、官員合影。

人的命運很特別，沒有走到最後都不知轉彎會出現什麼，而這正是人生有意思之處。但我也相信：堅持自己的核心價值走對的路，天道酬勤，地道酬善，楊志發正是一例。

導覽員說：「在當地有一句對聯，上聯是：翻身不忘共產黨，下聯是：致富還靠秦始皇，橫批：感謝老楊。」她也希望我們在出口處能跟當地兜售的小販買些柿子、石柳、紀念品補貼他們當時毫無條件的遷村，而順利保留了這「世界八大奇蹟」。

利用展區入口租借的望遠鏡，更可以將栩栩如生的秦代武士的表情看得更清楚。回程途中「跪射俑」鞋底的細緻雕塑以及與真馬相似雙眼圓睜、精神煥發的「馬俑」都刻進我的腦海帶回家了。

＊

華山，中國五嶽之一，又稱西嶽，以山勢之奇險聞名，被譽為「奇險天下第一山」。我們一早搭上往華山「西峰」的索道，便已見一路驚險崎嶇的壯觀美景，纜車裡另外一組當地人其中一個已經跟我們要塑膠袋嘔吐了。

下了纜車，我們便往高2,082米的西峰山頂爬。不知是否因其山勢險峻，每年都會發生遊客墜落的事故，所以沿途都是紅色的祈福繩。我也把包含在「一日遊」送的祈福繩繫在了西峰的起點，再拿出送的白色登山手套開始專心往上爬。

要攻頂高2,082米的「西峰」，山峰陡峭，拾級而上，考驗著體力和意志力。山峰狀如蓮花的「西峰」，是華山最秀外慧中又奇

特的山峰。在「蓮花峰」小憩補充能量後，往下繼續朝「南峰」再往上爬。

「南峰」，是華山最高峰，2,154.9米。雖然武俠大師金庸在小說中誤將「北峰」以為最高，而讓天下頂尖的武林豪傑們在「華山論劍」。但畢竟小說是虛構的，瑕不掩瑜，反而造成另一個話題⋯⋯。這裡的「華山論劍」石碑也成為旅人爭相留影的最佳模特兒。

登頂「南峰」後回望遠眺「西峰」，更加肯定其艱險。沿途一再出現的「走路不看景，看景不走路」的提醒標語，讓我留下畢生從沒有那麼專心爬山、上下樓梯的經驗。

「中峰」又名「玉女峰」，高2,042米。秦穆公的女兒弄玉愛慕擅長吹洞簫的蕭史，於是拋棄了榮華富貴和夫君隱居在華山，「玉女峰」由此而來。

華山整個山區均為羊腸小道、山峰陡峭，K和S放棄這一段先往「北峰」走。我跟著M繼續爬，但這一段要爬好多段階梯，第一次聽到自己強烈抗議的心跳聲，只能坐在階梯上休息，從「中峰」下來的旅人跟我喊著加油，說是上面有美景等著呢！攻上「中峰」頂吧！摩羯座是目標導向型，給我「美景」，我就勇往直前。上了「中峰」頂，我伸出雙手擺出大V拍照留存。

在金庸的15部武俠小說中，有13部提到華山，而1957年的《射鵰英雄傳》以及1959年的《神鵰俠侶》都出現過天下武林豪傑，在華山的頂峰進行比武，稱其為「華山論劍」。金庸「華山論劍」的石刻，將錯就錯設置在華山最低的1,614.7米的「北峰」，反倒成為華山五峰中，名氣最響，最多觀光客朝聖的山峰。

　　往「北峰」下山的途中好幾處都必須緊握纜索攀岩而上，或者貼著山壁拾級而上。攀登華山，需要有充分的體力。

　　途中排隊等洗手間遇到兩個來自阿姆斯特丹的女孩，我跟她們說我很愛他們國家的開放與尊重。她們說：「中國的風景也很美。」我跟她們說我來自台灣，她們突然興奮起來問我是住在台北嗎？說正在計畫準備到台灣玩。我趁機行銷台灣：「台灣雖然小，可是人情味很濃，一天之內可以上山也可以到海邊，比較不會花時間在交通上。」幾分鐘難得的緣分，讓我回憶起在荷蘭旅行時的青春。

　　南峰的「長空棧道」是華山派宗師在懸崖絕壁上鑿出石孔，楔進石樁，樁上放置木板作為道路。人們必須面著壁慢慢走長百餘米、寬尺許的路。如果是五年前的我，就算是膽戰心驚我也要試試。我的啟發是：想要做的事，一定要趁年輕時能做的時候趕快做。

　　華山包含五峰：東、南、西、北、中。時間因素，只能留下「東峰」和「長空棧道」成為我華山的遺憾。

＊

　　為了要上城牆看日出，清晨6點多從粉巷中段穿過德福巷，巷子裡歐陸風情的店家外觀和「福德」的命名很違和，這應該白天是充滿咖啡和茶香的咖啡廳；晚上是浪漫的酒吧一條街呢！

　　走到巷尾就看見一間廟和傳統早餐店了。M急著要去跑一圈城牆；我也要去和城牆上迎日出；K說他要去找好吃的傳統早餐，帶回去酒店給還在補眠的S。於是，我們分道揚鑣。M在永寧門入口買了門票，起跑後，我終於有了獨處的時光。

　　西安城牆，是中國現存最完整的古城牆之一。在明朝初年於唐朝長安城皇城的基礎上建造且經過多次修補而形成嚴密的防禦體系，是僅次於南京城牆，規模最大的古城牆之一，周長13.74公里。

　　走在古城牆上，太陽初昇，晨曦如此美好，勉強自己跟著M早起，也賺得了眼下的嫻靜。我的心就像暖呼呼的奶油塗在烤麵包上，腳下踩著每一塊都是歷史的石頭，漫步在掛滿紅燈籠的城牆上，時間彷彿停格，久違的內心閒適也靜止了。我在景中，景又如畫，我在畫中，感受歷史文化積澱與現代文明的唯美碰撞。

　　城牆周圍有護城河環繞，是中世紀後期最著名的城垣建築之一。一早就看到當地居民沿著護城河運動散步。可以環繞著古蹟健身想必幸福感更加滿盈。

　　在城牆上可見「13.74 KM用腳步丈量城牆」的雙人跑步標誌，原來1993年11月7日第一屆馬拉松賽事在西安舉辦後，每年便都舉行「西安城牆國際馬拉松賽」，比賽在城牆上進行，單單想像跑者在城牆上邁步也不禁熱血起來。想必正在邁步的M也有一樣的感觸吧！

　　信步走，遙想著還好「拆城牆」比起砸文物、毀銅像、燒廟宇困難多了；據說當年文革提倡「破四舊」，人力、物力耗盡在拆北京城牆，輪到窮困的西安時，已經沒有資源可以調用，城牆才得以大量保存。撫摸著滿溢著歷史的石塊和牆磚，心中有種難以言喻的悸動。

　　擁有600多年歷史的西安古城牆其實歷經滄桑──從李自成、北洋軍閥、「大躍進」、破「四舊」與文化大革命，無數牆磚被挪移、百座禦敵城樓被摧毀，終於到改革開放後，得以經歷三次大規

模重建和修復，才有今天斑駁且厚重的西安城牆繼續守護西安。在西安才四天的旅遊，每天晚上車子進城後，遠遠見到點了燈的城牆就感到「心安」。

人多起來了，有人在城牆上騎車了，旅行團的集合聲打擾了我的寧靜。一個半小時了，M沿著城牆跑了一圈，完成了13.74公里；我也和我的古城牆有了一場難忘的約會。

下了城牆離開前，正好遇到八個身著古裝的衛兵在巡視，恍惚中感覺穿越了時空。

回到飯店享用K到「回民街」買來，說是最有名的「甑糕」，其實吃起來的口感就像我們的甜米糕。他喜孜孜地分享他選了一家最多人的早餐店，點了「羊肉泡饃」，當地人兩三下就把兩塊饃掰好了，他還在慢慢撕到手都痠了。其實吃泡饃講究的是享受整個進食的藝術，從掰饃、選擇煮法到把食物送進嘴裡的過程就是個有趣的飲食經驗。

最後一天在西安的早晨，我們各自有屬於自己的收穫與回憶。

*

我打開西安塵封的歷史，古建築厚重威嚴，傳統與現代的衝撞，川流不息的車水馬龍，悠遠壯闊。朱漆斑駁的大門後，燦若星河的文明，靜默等在城市的每個角落，聆聽千年風華。

古城、古牆、古樓、古物，把永恆藏在了西安歲月的年輪裡，愛情也是永恆的主題，就像唐明皇和楊貴妃；也像金庸說起他小說裡的愛情時，表示曾大哭過三次：楊過赴小龍女之約時，苦苦等到太陽下山，他哭了；張無忌與小昭分離時，他哭了；蕭峰誤傷了阿

朱時，他哭了。

　西安像是聚合很多的永恆與歷史遺跡，等待旅人來朝聖。

釀旅人46　PE0179

 走吧，去下一個嚮往的地方：
人生就該浪費在旅行

作　　者	陳碧月
責任編輯	尹懷君
圖文排版	楊家齊
封面設計	蔡瑋筠

出版策劃	釀出版
製作發行	秀威資訊科技股份有限公司
	114 台北市內湖區瑞光路76巷65號1樓
	電話：+886-2-2796-3638　傳真：+886-2-2796-1377
	服務信箱：service@showwe.com.tw
	http://www.showwe.com.tw
郵政劃撥	19563868　戶名：秀威資訊科技股份有限公司
展售門市	國家書店【松江門市】
	104 台北市中山區松江路209號1樓
	電話：+886-2-2518-0207　傳真：+886-2-2518-0778
網路訂購	秀威網路書店：https://store.showwe.tw
	國家網路書店：https://www.govbooks.com.tw
法律顧問	毛國樑　律師
總 經 銷	聯合發行股份有限公司
	231新北市新店區寶橋路235巷6弄6號4F
	電話：+886-2-2917-8022　傳真：+886-2-2915-6275

出版日期	2020年5月　BOD一版
定　　價	300元

國家圖書館出版品預行編目

走吧, 去下一個嚮往的地方：人生就該浪費在旅行 /
陳碧月著. -- 一版. -- 臺北市：釀出版,
2020.05
　　面；　公分. -- (釀旅人；46)
　BOD版
　ISBN 978-986-445-386-3(平裝)

1. 旅遊文學　2. 世界地理

719　　　　　　　　　　　　　　　　109003776

讀者回函卡

感謝您購買本書，為提升服務品質，請填妥以下資料，將讀者回函卡直接寄
回或傳真本公司，收到您的寶貴意見後，我們會收藏記錄及檢討，謝謝！
如您需要了解本公司最新出版書目、購書優惠或企劃活動，歡迎您上網查詢
或下載相關資料：http:// www.showwe.com.tw

您購買的書名：_____

出生日期：_____年_____月_____日

學歷：□高中 (含) 以下　　□大專　　□研究所 (含) 以上

職業：□製造業　□金融業　□資訊業　□軍警　□傳播業　□自由業
　　　□服務業　□公務員　□教職　□學生　□家管　□其它_____

購書地點：□網路書店　□實體書店　□書展　□郵購　□贈閱　□其他

您從何得知本書的消息？

　□網路書店　□實體書店　□網路搜尋　□電子報　□書訊　□雜誌
　□傳播媒體　□親友推薦　□網站推薦　□部落格　□其他_____

您對本書的評價：(請填代號　1.非常滿意　2.滿意　3.尚可　4.再改進)

　封面設計____　版面編排____　內容____　文／譯筆____　價格____

讀完書後您覺得：

　□很有收穫　□有收穫　□收穫不多　□沒收穫

對我們的建議：_____

_____

_____

_____

11466
台北市內湖區瑞光路 76 巷 65 號 1 樓
秀威資訊科技股份有限公司　　　收
BOD 數位出版事業部

....

（請沿線對折寄回，謝謝！）

姓　　名：＿＿＿＿＿＿＿＿＿　年齡：＿＿＿＿＿　性別：□女　□男

郵遞區號：□□□□□

地　　址：＿＿＿＿＿＿＿＿＿＿＿＿＿＿＿＿＿＿＿＿＿＿＿

聯絡電話：(日)＿＿＿＿＿＿＿＿＿＿＿　(夜)＿＿＿＿＿＿＿＿＿＿＿

E-mail：＿＿＿＿＿＿＿＿＿＿＿＿＿＿＿＿＿＿＿＿＿＿＿